Max Kuttner

Das Naturgefühl der Altfranzosen und sein Einfluss auf ihre Dichtung

Max Kuttner

Das Naturgefühl der Altfranzosen und sein Einfluss auf ihre Dichtung

ISBN/EAN: 9783743362338

Hergestellt in Europa, USA, Kanada, Australien, Japan

Cover: Foto ©Thomas Meinert / pixelio.de

Manufactured and distributed by brebook publishing software
(www.brebook.com)

Max Kuttner

Das Naturgefühl der Altfranzosen und sein Einfluss auf ihre Dichtung

Das Naturgefühl der Altfranzosen und sein Einfluss auf ihre Dichtung.

INAUGURAL-DISSERTATION

ZUR

ERLANGUNG DER DOKTORWÜRDE

VON DER

PHILOSOPHISCHEN FACULTÄT

DER

KÖNIGLICHEN FRIEDRICH-WILHELMS-UNIVERSITÄT ZU BERLIN.

GENEHMIGT

UND NEBST DEN BEIGEFÜGTEN THESEN

ÖFFENTLICH ZU VERTEIDIGEN AM 29. JUNI 1889

VON

MAX KUTTNER

AUS BERLIN.

OPPONENTEN:

FELIX WILKE, Schulamtskand.
RICH. PROTZEN, Schulamtskand.
PAUL GEEST, Schulamtskand.

RUCK VON GEORGE & FIEDLER, BERLIN SW.,
WILHELM-STRASSE 20.

Einleitung.

Unser Leben ist begrenzt und bedingt durch die Aussenwelt, und jede Lebensbethätigung des Menschen hat eine Beziehung zu ihr. Dieser Abhängigkeit waren und mussten sich die rohesten Völker in den kindlichsten Zeiten bewusst sein; sie spricht sich aus in der ersten Dichtung der menschlichen Phantasie: der Mythenbildung.[1])

Bis heute sind zahllose Sagen erhalten, welche sich an Naturerscheinungen knüpfen, und besonders rege ist die Einbildungskraft bei Phänomenen, welche durch ihr seltenes Auftreten oder ihre furchtbare Gewalt Schrecken einflössen. Denn hülflos und verzweifelt musste vor ihnen der Urmensch in ohnmächtiger Angst niederfallen und die Hände abwehrend gen oben strecken. Seine erhitzte, kindlich zügellose Phantasie glaubte da mächtige Gestalten in furchtbarem Kampfe wahrzunehmen, deutlich unterschied sie das Dröhnen der Waffen. Der Mensch kam zur ersten Erkenntnis, dass es Mächte giebt, denen gegenüber er ein Nichts ist; er beugte sich vor ihnen und bat um Schonung. So verrichtete er sein erstes Gebet. Der Glaube an mächtige, hinter den Erscheinungen als Urheber stehende Wesen, die einer Bitte, einem Opfer zugänglich waren, verlieh dem Menschen eine Stütze in dem Toben der ihm unbekannten und unfassbaren Elemente, und noch heute sind viele Schutzmittel teils christlich-religiösen, teils heidnischen Ursprungs im Gebrauch.[2])

Zugleich bildete jene Furcht vor den Naturmächten das erste Bindeglied zwischen der menschlichen Seele und der Welt der Objekte, die nun in steter Wechselwirkung zu einander bleiben mussten. Denn nach dem wilden Aufruhr der Naturgewalten wirkt die freundliche Sonne, der blaue Himmel, der Duft der Blumen, der Sang der Vögel erlösend und erfreuend. Diesem Gegensatze der Eindrücke konnte sich auch der Urmensch nicht entziehen, und so wurden die ersten Keime der Liebe zu einer friedlichen, heiteren Natur in seine Seele gelegt. Besonders gefördert mussten diese Beziehungen aber durch den innigen Verkehr mit der Natur werden, auf welchen

---

[1]) vgl. Humboldt, Kosmos I S. 16.
Wörmann, Die Landschaft in der Kunst der alten Völker. München 1876.

[2]) vgl. Sébillot, Traditions et superstitions de la Haute-Bretagne. Paris 1882, pag. 347—366.

die Menschen in frühen Zeiten angewiesen waren. Kurz, wir werden es begreiflich finden, dass mit dem erwachenden Menschengeiste zugleich die Anfänge eines gewissen Naturgefühls gegeben sind. Dieses Naturgefühl bethätigt sich, wie gezeigt, in mythischer Personifikation. Der Mensch steht noch hülflos und passiv der Natur gegenüber, er macht sich zum Objekt der personificierten Gewalten. Nicht viel anders ist seine Stellung, wenn statt der in Gottheiten aufgelösten Natur ein einziger Schöpfer eintritt, um dessentwillen die Schöpfung gepriesen wird. Erkannt wird zwar die Schönheit der Welt, aber der begeisterte Sänger umschliesst in seiner Phantasie das ganze All, Himmel und Erde, Gebirge und Meere, alle Wesen, die da atmen, die Pflanzen und selbst die Gesteine und sagt: „Siehe, das ist die Schöpfung Gottes, preise ihn darum, wie jegliches Wesen es thut!“ Von der Schönheit der Natur an sich, ohne diese Beziehung zum Erschaffer, ist nie die Rede. Drum giebt es auch auf dieser Stufe noch kein freies Naturgefühl. Wir verstehen darunter die freie Liebe zur aussermenschlichen Natur in ihrer Gesammtheit als einheitliches Ganzes oder in der einzelnen Erscheinungsform, dem Tiere, der Pflanze, dem Mineral, den Himmelsgestirnen, vermittelt durch die Beziehung zur Gedanken- und Empfindungswelt des Menschen. Diese Liebe zur Aussenwelt wird keineswegs nur da geweckt, wo ein Reiz auf unsere Sinne ausgeübt wird, durch den Duft der Blume, den Wohllaut der Vogelstimmen, die Gefälligkeit der Linien der Körper, die Lichteffekte der Landschaft, sondern wir werden auch durch Naturerscheinungen gerührt, deren Schönheit wir, für sich betrachtet, nicht anzugeben vermöchten. Es ist die naive Natur, „die im Kontrast mit der Kunst steht und sie beschämt“ und an der wir „das stille schaffende Leben, das ruhige Wirken aus sich selbst, das Dasein nach eigenen Gesetzen, die innere Notwendigkeit, die ewige Einheit mit sich selbst“ lieben, wie es Schiller in seiner Abhandlung „Ueber naive und sentimentale Dichtung“ treffend erklärt.

Es ergiebt sich hieraus zunächst, dass erst bei hoher geistiger Entwickelung ein eigentliches Naturgefühl vorhanden sein kann, d. h. bewusstes Geniessen der Naturschönheit, Empfänglichkeit der Seele für die verschiedenen Stimmungen einer Landschaft, Beseelung der toten Natur nach inneren Gemütsbewegungen. Nur ein reiches Geistes- und Gemütsleben vermag die Beziehungen, welche zwischen Natur und Menschenseele, zwischen Licht und Schatten, Farbenpracht und Eintönigkeit, friedlicher Stille, geheimnisvollem Rauschen, wildem Wogen und mächtigem Brausen einerseits und dem auf- und abwallenden Strome unserer Empfindungen andererseits bestehen, zu suchen und zu finden. „Erst auf einer hohen Kulturstufe sucht der Mensch die Natur um ihrer selbst willen und schwelgt bewusst im Genusse ihrer mächtigen Eindrücke, die ihm ein Echo aller seiner Stimmungen und Empfindungen darzubieten scheinen.“ [1])

---

[1]) Biese, die Entwickelung des Naturgefühls bei den Griechen und Römern. Kiel 1882 p. 8.

id., Die Entwickelung des Naturgefühls im Mittelalter und in der Neuzeit. Leipzig 1888, p. 4 und 20.

Jetzt steht der Mensch über der Natur und flösst seine eigene Seele den Objekten ein, ohne bei diesem Spiele der Phantasie seine individuelle Freiheit zu verlieren.[1])

Es sind also zwei Grenzen für die Naturanschauung gegeben. Einerseits mythische Personifikation, andererseits bewusste dichterische Beseelung, die wir freies Naturgefühl nennen können, und welche am stärksten bei Dichtern wie Goethe und Heine hervortritt. Der Mensch selbst verschwindet hinter der Natur, statt des Dichters jubelt oder klagt nur der Vogel, Blumen und Bäume lieben und hoffen, träumen und sehnen und geben selbst Aufschluss über ihr. ganz menschliches. Seelenleben.

Je nach dem Charakter des Volkes, durch Zeit, historische Entwickelung, geographische Lage bedingt, spricht sich das Naturgefühl in scheinbar sehr verschiedenen Tönen aus; aber doch leuchtet überall, auch unter der schlichtesten, naivsten Form, die liebevolle, hingebende Betrachtung der Aussenwelt hervor, gleichgültig ob dies nun in indisch-pantheistischem, jüdisch-monotheistischem oder in rein menschlich-ästhetischem Sinne, wie bei den Hellenen, geschah. Die ältesten Zeugnisse für die dichterische Bethätigung eines Volkes — und damit beginnt jedes Volk in die Geschichte einzutreten; Roquefort sagt von der Poesie: *„Ainsi le plus beau et le plus difficile de tous les arts naquit avec l'homme: il fut poète dès qu'il se sentit un coeur“*[2]) — können zugleich als Nachweis seines Naturgefühls dienen. Dies lehrt uns die älteste chinesische Volkspoesie, welche Liedereingänge nach Art unserer deutschen Volksliedchen oder bairischen Schnadahüpfeln aufweist.[3]) Chamisso hat das gleiche bei malayischen Volksliedern erkannt.[4]) Ueberall finden wir, unter noch so rauher Schale, das gleiche Menschenherz mit denselben Leidenschaften, Empfindungen und Neigungen.

Diese Naturliebe „beruht, nach Uhland, in dem allgemeinen Bedürfnis, das menschliche Dasein in die Gemeinschaft der ganzen Natur gestellt zu wissen. Die Natur ist dem Menschen, der in ihr lebt, nicht bloss nützlich oder schädlich, als nährende, hilfreiche Macht, oder als feindliche, zerstörende Gewalt, sie nimmt nicht bloss seine werkthätige Kraftanstrengung oder wissenschaftlich seinen Scharfsinn und Forschungstrieb in Anspruch, auch mit seiner dichterischen Anlage, seinem Schönheitssinne findet er sich auf ihre Schönheit, die milde und die erhabene hingewiesen. Er sucht in ihr nicht bloss Gleichnis, Sinnbild, Farbenschmuck, sondern was all diesem erst die poetische Weihe giebt, das tiefere Einverständnis, vermöge

---

[1]) vgl. die eben angeführten Werke; Griechen und Römer p. 17; M.-A. p. 4. und Wörmann, Ueber den landschaftl. Natursinn bei den Griechen und Römern. München 1871, p. 66.

[2]) Roquefort, De l'état de la poésie fr. dans les XIIe et XIIIe siècles. Paris 1821, p. 27 s.

[3]) Uhland, Abhandlung über alte hoch- und niederdeutsche Volkslieder. Stuttgart 1866. S. 13.

[4]) Chamissos Werke, herausgegeben von H. Kurz. Hildburghausen. II. S. 452 ff.

dessen sie für jede Regung seines Innern einen Spiegel, eine antwortende Stimme hat."[1])

Unmittelbar ergiebt sich aus dem Vorhergehenden der Schluss, dass auch im Mittelalter eine gewisse Liebe zur Natur vorhanden gewesen sein muss, weil sie eben einen Teil des menschlichen Eigenwesens ausmacht. Wir sahen aber schon, dass die Form, in welcher sie zum Ausdruck gelangt, sehr verschiedener Natur sein kann. Dem Mittelalter fehlte die geistige Reife und Unabhängigkeit, die für ein wahres Naturgefühl notwendig sind. Welt und Geschichte wurden, nach Burckhardt, nur durch einen Schleier hindurchgesehen, welcher gewoben war aus Glauben, Kindesbefangenheit und Wahn. „In Italien zuerst verweht dieser Schleier in die Lüfte; es erwacht eine objektive Betrachtung und Behandlung des Staates und der sämmtlichen Dinge dieser Welt überhaupt; daneben aber erhebt sich mit voller Macht das Subjektive, der Mensch wird geistiges Individuum und erkennt sich als solches[2])." Und eb. Bd. II, S. 14: „Auf der Höhe des Mittelalters, um das Jahr 1200, existiert wieder ein völlig naiver Genuss der äusseren Welt und giebt sich lebendig zu erkennen bei den Minnedichtern der verschiedenen Nationen. Dieselben verraten das stärkste Mitleben mit den einfachsten Erscheinungen, als da sind der Frühling und seine Blumen, die grüne Haide und der Wald. Aber es ist lauter Vordergrund ohne Ferne, selbst noch in dem besonderen Sinne, dass die weitgereisten Kreuzfahrer sich in ihren Liedern kaum als solche verraten."[3]) Dante und Petrarca gelten allgemein als Begründer des modernen Naturgefühls.

Wir werden also nicht den Massstab der heutigen ästhetischen Kritik an die altfranzösische Dichtung legen dürfen. Besonders der Deutsche braucht nicht in der Fremde nach dem poetischen Ausdruck der Naturliebe zu suchen. Seine Litteratur hat auf diesem Gebiete gerade die innigsten Töne gefunden, die aus einem tiefen, zartgestimmten Gemüte gequollen sind.[4]) Dies ist auch von nicht voreingenommenen Franzosen, wie Saint-Lambert, Fréron, Dorat, willig zugegeben worden.[5]) Es handelt sich hier aber darum, an dem Einzelnen zu prüfen, in wieweit das Naturgefühl bei den Altfranzosen entwickelt war, und ob es einen entsprechenden Ausdruck in der Dichtung gefunden hat. Wir werden dabei keine gleiche Entwickelung verfolgen können, wie es etwa Wörmann und Biese in den angeführten Werken vorzugsweise bei den Griechen gethan haben. Denn die klassischen Völker haben einen besonderen Reiz für den Forscher dadurch, dass wir hier ein Volk sein ganzes Leben

---

[1]) Uhland, l. c. S. 14—15.

[2]) Burckhardt, Cultur der Renaissance in Italien. 2. Aufl. Basel 1869. S. 161.

[3]) vgl. noch Laprade, Le sentiment de la nature chez les modernes. Paris 1868. S. 21 und 27.
Biese, M.-A. S. 130 und 147.
Vischer, Aesthetik § 451.

[4]) vgl. Uhland, l. c. S. 13 ff.

[5]) Süpfle, Geschichte des deutschen Kultureinflusses auf Frankreich. Gotha 1886.

leben sehen. Durch den Schleier der Mythe erscheinen uns die verschwommenen, cyklopisch-riesenhaften Konturen eines erwachenden Volkes, und wir können es dann auf seinem hochstrebenden Gange bis zur Blüte politischer Macht und geistiger Entwickelung begleiten. Dann wieder geht es bergab und eine leuchtende Welt versinkt vor uns. Nur noch in vergilbten Blättern erstarrt, spricht dem Kundigen der hohe philosophische Geist eines Plato und Aristoteles, die Trümmer einer edelsten Kunst fördert nur ein glückliches Ungefähr aus dem Grabe ans Tageslicht. — Anders ist es mit den Kulturvölkern der Neuzeit. Sie weisen im Mittelalter fast alle eine Blütezeit auf, die sich fortpflanzt von Nation zu Nation, oder gleichzeitig in die Erscheinung tritt. Aber vielfach gleicht dieser Höhepunkt des geistigen Lebens nur einem aufgehenden Meteor, das fast reif hervortritt und dann in Lichtschein sich auflöst und verlischt. Es folgt eine litterarische Nacht. Müde ruht und träumt der Geist von dem Taumel einer frohen, bewegten Zeit, bis wieder ein Erwachen erfolgt, das eine neue Welt zeigt, mit anderen Zielen, anderen Neigungen, anderen Gesinnungen und doch s c h e i n b a r nur eine versunkene und vergessene Kultur erweckend — eine geistige Wiedergeburt, die Renaissance.

I. Kapitel.

Einfluss des Naturgefühls auf die Sprache. — Das Wort als Lautbild. — Epitheton. — Bildlicher Ausdruck. — Die ästhetischen Figuren (Gleichnis, Metapher u. ä.)

Das Naturgefühl wirkt schon entscheidend bei der Sprachschöpfung mit. Man braucht nur daran zu erinnern, dass der sprachbildende Geist Personifikationen lebloser Dinge vornimmt, wenn er ihnen ein männliches oder weibliches Geschlecht beilegt. Die Aussenwelt wirkt auf unser Vorstellungsvermögen, und der dadurch hervorgerufene Seelenvorgang wird bezeichnet durch einen Laut. Selbst die Abstrakta wurden nur in ihrer sinnlichen Erscheinungsform erfasst und zur Darstellung gebracht. Die Angst etwa durch Bezeichnung des drängenden Gefühls, dem die Brust zu eng erscheint, und es ist bekannt, dass auch heute noch uncivilisierte Völker durch bestimmte Pantomimen ihren Seelenzustand ausdrücken. Der sprachbildende Geist verfährt also gleichsam plastisch, indem er nur sinnliche Objekte erfasst und durch ein Lautbild darstellt. Allein „wie das Bild des Malers uns die Vollansicht des Gegenstandes zu bringen scheint, ohne doch mehr als eine Seite desselben zu bieten, so meint die Darstellung der Wurzel, des ersten Kunstwerkes der Sprache, eine Totalvorstellung, aber sie ergreift und stellt sie dar nur an einem ihrer Merkmale.“[1]) Erst die Phantasie ergänzt das Fehlende.

Diesen Sprachwurzeln könnten wir die gesammte Weltanschauung der ersten sprechenden Menschheit entnehmen, wenn sie nicht im Laufe von Jahrtausenden sich verdunkelt und ihre Vorstellungskreise verändert hätten; denn die fortschreitende Kultur hat keineswegs für jede neue Vorstellung ein neues Lautbild geschaffen, sondern sie begnügte sich vielfach, die vorhandenen, welche durch ihre Unbestimmtheit zu Uebertragungen gut geeignet waren, weiter zu benutzen.[2]) Die Unbestimmtheit der Lautbilder hat zur Anwendung des Epithetons, ihre Uebertragbarkeit zum bildlichen Ausdruck geführt.

Das Epitheton.

Es gereicht der Sprache nur zum Vorteil, dass die ursprüngliche Bedeutung der Sprachwurzeln verloren gegangen ist, oder dass sich um sie ein dunkler Schleier gelegt hat. Denn wie könnten wir noch in den kindlich naiven Anschauungen einer fernen Vorzeit weiterdenken; wie mühsam wäre unsere Geistesarbeit, wenn uns bei den einfachsten und gebräuchlichsten Wörtern noch das ursprüngliche Bild vorschwebte. Andererseits ist die Folge von der Verdunkelung der Lautbilder, dass die durch sie geweckten Vorstellungen nur matt

---

[1]) Gerber, Die Sprache als Kunst. Bromberg 1871, I. S. 313.
[2]) vgl. Gerber, l. c. S. 237 ff.

und unbestimmt sind. Ein Dichter, der wie jeder andere Künstler seinem Werke Anschaulichkeit und Begrenztheit verleihen muss, wird also nach einem Mittel suchen, die erstarrten Lautbilder für die Phantasie wieder zu beleben. Das einfachste ist das Epitheton.[1]) Der Dichter spricht nicht allgemein vom Strom, von Wald und Fels, sondern ihm schwebt bestimmter vor: Rauschender Strom, brausender Wald, starrender Fels etc. Selbst die einfachsten Bestimmungen, wie klarer oder blauer Himmel, dunkle Wolke wirken poetisch, weil sie die Anschaulichkeit vermehren, sie schränken den Begriff ein, schildern ihn unter einer besonderen Erscheinungsform, namentlich als vollkommen innerhalb der Gattung. Einen anderen Zweck brauchen diese Epitheta auch nicht zu erfüllen; Ueberladung in dieser Beziehung wird ein Fehler der Poesie. Darum finden wir gerade im Volksepos packende und poetische Beiwörter, trotz ihrer Einfachheit, weil in ihnen noch nicht die Sucht nach Effekt hervortritt, sondern nur ein, vielleicht unbewusstes, Streben nach Anschaulichkeit, die Absicht, die Naturobjekte in ihrer unmittelbaren, unerkünstelten Wirkung auf die menschliche Seele darzustellen. Man vergleiche aus dem Rol.: *Halt sunt li pui e li val tenebrus, Les roches bises, [li destreit merveillus]* 1415, die *olive* ist *halte, l'herbe verte* oder ein subjektives Urteil aussprechend: *arbres bels* v. 2268. Gleich anschaulich und damit poetisch gerechtfertigt ist es, wenn die Dichter von dem „ästigen“ Baum oder Wald, dem „belaubten“ Gebüsch sprechen; aber es ist nicht zu verkennen, dass sich derartige Epitheta im afz. Epos bis zu einer ermüdenden Eintönigkeit festgesetzt haben. Ihre stete und ausschliessliche Anwendung zeugt von einer Einseitigkeit der Anschauung, von einer Enge der Phantasie, die allerdings oft durch die Bequemlichkeit des Reimens hervorgerufen ist. Darum finden wir namentlich bei Adenet derartiges, z. B. in Berte: *ente feuillie* 53, 2045, *ente fueillue* 1928; *bois ramé* 1097, 2443, 2775, 3072, *bois ramu* 1278, 2391, *bois fueilli* 2888, 3129; *forest ramée* 1139, 2467, 2780, 3438, *forest ramue* 3061; *gaut fueillie* 1284; *pin fueilli* 2594; *vigne plantée* 1966. So ermüdet auch im Aiol das stetige *arbre foilli* 6625, 6631 etc. Im Ren. 294, 33 findet sich das nicht seltene *arbre reont.* Man denkt dabei unwillkürlich an Goethe's oder Voltaire's Aussprüche über den Reim (cf. Tobler, Versbau S. 20). Allmählich gewöhnte man sich derart an gewisse Beiwörter, dass man darüber die Wahrheit und Natur vergass. Im Durm. reitet der Held *par mi une verde jonciere;* da wir uns aber im strengen Winter befinden, wo es gefroren hat (v. 9101), so dürfte man wohl eher eine hierauf bezügliche Andeutung erwarten.

Einzelne Sammlungen über die Epitheta finden sich bei Günther, Ueber die Ausdrucksweise des afz. Kunstromans. Halle 1886 und Husse, Die schmückenden Beiwörter und Beisätze in den afz. Chansons de Geste. Halle 1887.

---

[1]) vgl. Vischer, Aesthetik. 4 B. S. 1221 ff.

Der bildliche Ausdruck.

Wir sagten ferner, dass auf der anderen Eigenschaft der Lautbilder, der Uebertragbarkeit, der bildliche Ausdruck beruht. Die menschliche Seele hat das Bestreben, jede neue Erscheinung in den Kreis ihrer Vorstellungen einzureihen. Sie bildet Analogieen zu schon Beobachtetem oder Gewusstem. Dies Streben wirkte nicht nur zur Zeit der Sprachbildung, sondern ist auch bei bewusster künstlerischer Thätigkeit erhalten geblieben. Gegenstände und Vorgänge aus den verschiedensten Sphären werden an einer gemeinsamen Eigenschaft oder gleichartigen Bethätigung als verwandt empfunden. Den alten Germanen wird das Meer zur Schwanen- oder Walfischstrasse, zum Seehundpfad, sein Fluten zum Wogenkampf, das Schiff zum Wogenhengst etc. Zwar so kühn erweist sich die Phantasie der Altfranzosen bei Betrachtung der Aussenwelt nicht, wenn sie ihnen auch nicht gänzlich fehlte. Beobachten wir z. B. den Bedeutungswandel von *jonchier* „mit Binsen bestreuen“. In dieser Bedeutung findet es sich ungemein häufig, z. B. — *est venus en une sale Ki estoit ne laide ne sale Mais mult bele et nouviel joncie.* Cléom 2826.

Etwas mehr in den Vordergrund tritt dann der Begriff „streuen“: *Les chaucies jonchies deseur le pavement De fresche herbe et de jons partout espessement,* Berte 3272, so dass sich der Begriff „Binsen“ ganz verliert: *De rose et de mentastre font tout ioncier l'ostel.* Aiol 7086, vgl. Perc. 1869.

Dann wird es in poetischer Uebertragung gebraucht: — — *ert la place jonchie D'escus, de hiaumes et de gent mehaignie.* Enf. Og. 5685, oder: *Des mors et des navrés font la terre jonchier.* Buev. 386. vgl. Enf. Og. 1225 ähnlich 1946 und schon Rol. 3388.

Kaum aber wird man noch von einem zulässigen Bilde sprechen dürfen bei: *Iert de son sanc la verdure jonchie.* Enf. Og. 2811.

Die beiden Bedeutungsstufen des Wortes finden sich in den Gedichten jedoch neben einander; so heisst es Ren. S. 21, 32: *Charles fu à Paris, en la sale jonchie,* und S. 40, 29: *De sanc et de cervele i est l'erbe jonchie.*

Eine ähnliche Entwickelung kann man bei *flor, florir* nachweisen. Bei dem Substantivum sind zwei Wege möglich, entweder verbindet sich mit der Blüte der Begriff „Vollkommenheit“, da sie ein Zeugnis von der Kraft, der gesunden Entwickelung, der Lebensfähigkeit des Baumes ablegt; drum sagt man von den Paladinen Karls: *La Flors de France.* Amis 1587, auch: *Dame, des biautes la flors.* Mätzner XXXVI 17; oder es entwickelt sich daneben der Begriff „erste Zeit, Jugend“: *En la flor estoit ses aages.* Clig. 2764.

Weiter geht der Sprachgeist aber noch bei dem Verbum. Während ein schönes Bild ist: *Deus, qui est cist An cui si granz biautez florist.* Clig. 2967, drängt sich bei dem Worte der Begriff „der Fülle, des Bedeckens“ hervor. So ist zu erklären: — *li atour dont son cors ot garni Erent de coups tout semé et flouri.* Enf. Og. 6788. *Si peussiez veoir flori le Braz-Saint-Jorge contremont de nés et de galies et de vissiers.* Villeh. 127.

Andererseits wird an die vorzugsweise weisse Farbe der Blüte gedacht, so dass *flori* einfach für *„blanc“* gesetzt wird (Ren. 21, 23: à *la barbe florie*), und mit Erweiterung des Sinnes für „alt“ (Ren. 9, 14: *li riches dus floris,* [Naimes]) vgl. Gautier, Rol. Glossar unter fluriz. So wird es in seiner Bedeutung oft zweifelhaft: *rochier flori* Ren. 79, 1.

Ob man bei Wenduugen, wie: *quant li jorz neist* Clig. 296, oder *caple (chape) del ciel* Aiol 6699, welches schon Rol. 545 vorkommt und von Förster im Aiol, Anm. 6699 auch anderweitig mehrfach belegt wird, der Bildlichkeit des Ausdrucks jederzeit bewusst blieb, ist zweifelhaft; eher gilt dies von solcher Wendung: *Par matinet al oel del jor.* Part 1950, das auch nur vereinzelt sich findet, oder in noch höherem Grade von Bildern, wie: *li feus don li cuers est espris* Clig. 715, welche später noch genauer zu behandeln sind.

Im Allgemeinen wird man finden, dass die Altfranzosen es nicht verstanden haben, durch sinn- und geschmackvolle Anwendung des bildlichen Ausdrucks ihrer Sprache Hoheit und Schwung zu verleihen. Freilich dürfen wir noch nicht daraus auf ein weniger lebendiges Naturgefühl bei ihnen schliessen. Zwar beruht auf diesem gerade der Gebrauch der poetischen Bilder; denn in ihnen tritt, wir betonen es, die Eigenart des menschlichen Geistes hervor, sich die Aussenwelt vertraut zu machen, indem er überall nach einem Zusammenhange, einer Gleichartigkeit, einer Einheit der Erscheinungen sucht. Aber die knappe Form des Bildes, welche wir im Vorhergehenden betrachtet haben, und welche in dem einzelnen Worte besteht (sei es Substantivum, Beiwort oder Verbum), ist nur die markige Concentration eines vorher gemachten V e r g l e i c h e s. Dessen Rolle haben wir daher zunächst in der altfrz. Dichtung zu untersuchen.

Der Vergleich.

Die Eigenart des menschlichen Geistes in Bildern zu denken, dem Angeschauten in Form von Bildern Ausdruck zu verleihen, vermöge deren für Seelenerregungen L a u t b i l d e r geschaffen wurden, ist zum beabsichtigten Kunstmittel erhoben worden bei den ästhetischen Figuren, Gleichnis, Metapher u. ä. (vgl. Gerber II, 34).

Der Dichter will von einem roten Gegenstande sprechen. Der Zweifel über die Natur des Roten, der bei den mannigfaltigen möglichen Nüancen dieser Farbe gerechtfertigt wäre, wird sofort gehoben, sobald der Dichter sagt: Rot wie eine Rose, rot wie Blut, rot wie die aufgehende Sonne, rot wie ein Rubin oder irgend ein Gegenstand, von dem allgemeine Kenntnis vorausgesetzt werden kann. Dazu kommt, dass die Natur der Farbe anschaulicher gemacht wird durch den geringeren oder grösseren Glanz, welcher sich mit ihr bei dem verglichenen Gegenstande verbindet, und endlich ist nicht zu verkennen, dass in dem Gleichnis eine Stimmung ausgedrückt sein kann. Von der Morgensonne, namentlich wenn sie eine tragische Scene bescheint, liebt man zu sagen: „Sie ist rot wie Blut!“, während ein Vergleich: „rot wie eine Rose“ seinen sanften Charakter nicht verläugnen kann.

Wo ist nun das Feld, auf welchem die Dichter die Vergleiche suchen? Nicht gesucht werden dürfen sie, sie müssen sich ihnen unmittelbar von selbst ergeben, wenn sie nicht weithergeholt und damit frostig erscheinen sollen. Daher werden die Dichter sie auch immer einem Gebiete entnehmen, das ihnen vertraut ist, in dem sie sich heimisch fühlen. Im allgemeinen wird der Mensch aber am vertrautesten mit denjenigen Dingen sein, welche ihr Dasein seiner Geschicklichkeit und Kunstfertigkeit verdanken, die er sich zum Schutze, zur Förderung und Bequemlichkeit seines Lebens als Waffen, Werkzeuge, Geräte geschaffen hat. „Dünn wie ein Faden“, „Schlank wie eine Lanze“ können wohl zutreffende Vergleiche sein, aber poetisch sind sie nicht. Man kann die Schlankheit oder die Dünne der Lanze bezw. des Fadens wohl als vom Menschen erkannte notwendige Eigenschaften schätzen, aber diese Eigenschaften hängen von der Willkür und dem Urteil der Verfertiger ab. Darum wählt man gern zu Vergleichen solche Objekte, welche ein freiwilliges Dasein in der Natur haben, deren Gestalt von einer inneren, vom Menschen unabhängigen Notwendigkeit bestimmt wird. „Dünn wie ein Blatt am Baume“, „Schlank wie eine Tanne“ sind poetische Vergleiche. Sie können zur Bezeichnung einer gewissen Art von Schönheit dienen, weil zur Natur des Blattes die Dünne, zur Natur der Tanne das Schlanke gehört, weil sie erst durch diese Eigenschaften die Vollkommenheit ihrer Gattung darstellen.

Es ergiebt sich also zunächst, dass man Vergleiche vorzugsweise der Natur entnehmen wird. Andererseits könnte gefolgert werden, dass dies mehr eines äusseren Zwanges wegen geschieht, als dass sich darin Liebe zur Natur verriete; denn womit soll man schliesslich vergleichen, wenn nicht mit der Natur? Uns scheint dabei Folgendes massgebend. Der Dichter will von grüner oder brauner Farbe sprechen. Die blossen Adjektiva genügen ihm nicht. Er braucht die Gleichnisse: „grün wie Gras“, „braun wie eine Kastanie“ u. ä. Es könnten einen gleich zutreffenden Vergleich noch viele andere Dinge aus der Natur liefern: ein gleiches glänzendes Braun wie die Kastanie zeigt z. B. auch die Dattel, haben die Flügeldecken mancher Käfer. Was wird am häufigsten zum Vergleiche benutzt? Natürlich das, was dem einzelnen Dichter seinem Berufe, seiner nationalen Herkunft, seiner geographischen Abstammung, seiner ganzen Bildung nach am nächsten lag, was ihm am meisten in die Augen fiel, was er am häufigsten beobachten konnte. Wenn man noch in Betracht zieht, was wir früher dargelegt haben, dass der Vergleich zunächst hervorgerufen wird durch die Unbestimmtheit der Lautbilder, so könnte man zweifelhaft werden, ob solche poetischen Bilder irgend welche Bedeutung für das Naturgefühl besitzen.

Es ist nun klar, dass ein paar Jahrhunderte auf den Gesamtsprachschatz eines Volkes hinsichtlich der Bedeutung der Wurzeln keinen allzugrossen Einfluss haben, dass also in dieser Beziehung die Sprache der ältesten Chanson de geste und des spätesten höfischen Epos auf gleicher Stufe stehen. Ferner waren auch die äusseren Bedingungen, welche den Vergleich ermöglichten, alle Zeit dieselben; Gras, Kastanien u. ä. werden zur Zeit, wo das Rolandslied gedichtet wurde, in gleichem Masse verbreitet gewesen sein, wie zur Zeit Chrestien's. Warum ist nun die älteste französische Dichtung so überaus arm an Vergleichen, während die spätere sich darin gefällt, bei jeder Gelegenheit Pflanzen, Tiere, Edelsteine, Sterne u. a. als Bilder zu verwerten? Dies dürfte sich nur daraus erklären, dass man mehr auf die Aussenwelt, auf die Einzelerscheinung der Pflanzen-, Tierwelt, auf das ganze Leben und Wirken in der Natur achtete, dass nun ein kundiges Auge bei jeder Gelegenheit Aehnlichkeiten mit der Natur entdeckte. Der Maler erkennt dort noch Farben, wo der Laie nur eintönigen Schatten sieht, weil er genau alle Lichtbrechungen in ihren verschiedenen Stufen beherrscht. Darum wird auch der Dichter nicht mehr einfach von grün, braun etc. sprechen, obwohl seine Zuhörer kaum an andere Farben als die des Grases oder der Kastanie denken könnten, sondern ihm drängen sich, sobald er gewöhnt ist, für die Natur und ihre Erscheinungsformen ein aufmerksames Auge zu haben, unmittelbar Bezüge zu ihr auf. Er sagt jetzt: grün wie Gras, braun wie die Kastanie.

Noch an einem anderen beliebten Vergleiche: „Weiss wie Schnee, *plus blans que nois negie*“, mag es uns vergönnt sein, die Bedeutung für das Naturgefühl klarzulegen. Vischer, Aesthetik II. 58 behandelt die ästhetische Bedeutung des Schnees: „Der Schnee erregt in dem Ausdruck von Kälte und Erstorbenheit, den er der Landschaft giebt, unter gewissen Umständen und Gegensätzen doch ein Gefühl kräftiger Anspannung, selbst Heiterkeit.“ Und S. 59: „Die kalte, einförmig weisse Schneedecke sollte man für ganz unästhetisch halten; allein man muss mehrere gegensätzliche Bedingungen erwägen: einmal, dass die ohnedies erstorbene Natur statt des schmutzigen und fahlen Braun der Regenzeit nun doch das lichtvolle Weiss zeigt, ferner, dass nach den trüben Regen des Frühwinters der Schnee mit der Kälte, die er bringt, anspannend auf alle Geschöpfe wirkt“. Damit ist jedoch noch nicht seine ganze ästhetische Verwendbarkeit erklärt; denn noch ein Anderes hat man zu erwägen, wenn er zum V e r g l e i c h e herangezogen wird. Das zarte, aus zahllosen kleinen Kristallen, die oft das Licht mit blendendem Glanze zurückwerfen, zusammengesetzte Weiss wird besonders dort einen treffenden Vergleich bilden, wo von unbefleckter Reinheit, von einem zarten, leicht zu verletzenden Weiss die Rede ist; denn die geringsten Anlässe, ein paar Sonnenstrahlen, einige Tropfen Regen, die Berührung eines harten Gegenstandes zerstört schon die lichte, zusammenhängende, zarte weisse Decke. Dies muss ein Dichter unwillkürlich empfunden haben, wenn er die zarte Haut seiner Geliebten mit dem Schnee vergleicht. Keinen Augenblick wird ihm der Gedanke kommen, dass wirklich die Farben der menschlichen Haut und des Schnees sich unterschiedslos gleichen. Würde ihm ein Mensch dargestellt, dessen Teint genau an das starre Weiss des Schnees erinnerte, ohne den zarten Anflug von Rot, welches das

Blut dem menschlichen Körper verleiht und das ihm erst Leben giebt, so würde er schaudernd zurückschrecken. Also neben dem Zutreffenden liegt auch eine ästhetische Seite im Vergleich. Das Beiwort „ästhetisch“ verstehe man jedoch nicht falsch. Es ist keineswegs notwendig, dass für den Vergleich immer nur Naturgegenstände genommen werden müssen, welche an sich schon eine angenehme oder ernste Vorstellung erwecken. Vischer sagt l. c. IV, S. 1217: „So manche schlagende Vergleichung wird im ernsten Sinne unbrauchbar, weil sie zu häufig komisch verwendet worden und die blöde, frivole, stumpfe Masse nicht fähig ist, den Vergleichungspunkt fest im Auge zu behalten und nach dem Uebrigen nicht umzusehen.“ Er verteidigt Shakspere, der ein helles Auge mit dem einer Kröte vergleicht „und kein Lachen gebildeter Weinreisender befürchten durfte, die wohl meinen, er habe nicht gewusst, dass die Kröte im Uebrigen hässlich ist.“ Wer einen solchen Vergleich wagt, der muss sich einer tiefen Kenntnis der Natur bewusst sein, vermöge deren er, abgesehen von dem sonstigen abschreckenden Aeusseren, das hellste Auge bei der Kröte entdeckt hat. Und warum soll er nicht den Demant aus un-schöner Umgebung retten? Es muss aber schon ein Demant, etwas Bedeutendes sein, wenn man um seinetwillen den Ekel überwinden soll. Andernfalls ist und bleibt der Vergleich geschmacklos. Schon die Alten warnen vor der Herbeiholung hässlicher Bilder (vgl. Gerber S. 93). Auch Chrestien ist von solchen Missgriffen nicht frei. Er lässt eine Dame z. B. sagen: *Qu'or an sai* (von der Liebe) *plus que bues d'arer* Clig. 1032.

Wenig schmeichelhaft sagt Adenet Buev. 493 von chevaliers de pris: *Entour aus* (Guillaume u. Aimeri) *se ralient li chevalier de pris Com entour le pastour font pour le leu brebis.* Der Vergleichungspunkt könnte in diesem Falle nur die Angst sein, wie ib. 1599, und das ist in diesem Falle unstatthaft.

Nachdem wir nun so die allgemeine Bedeutung der Vergleiche für das Naturgefühl dargelegt haben, wollen wir im Genaueren ihr Wesen in der altfrz. Dichtung betrachten.

Die unmittelbarste Einwirkung der Natur auf den Menschen wird durch die Sinne vermittelt. Der Farbenreichtum der Blumen, der Glanz der Metalle und Edelsteine, der Wechsel von Licht und Finsternis, das machtvolle Rollen des Donners, die Schnelligkeit der dahinbrausenden Windsbraut, all dies drängt sich mit unmittelbarer Gewalt der Beobachtungsgabe des Menschen auf.

Das gesunde Rot der Wangen erinnert darum an die Rose oder Kirsche: *Sa face aveit colur de rose.* M. de Fr., Eq. 39. *Le vis avoit vermeill come serise.* Rom. u. Past. I 56, 57, der zarte weisse Teint an die Farbe der Lilie oder des Schnees: *Le front ot blanc plus que n'est lis Qui de blançor a si grant pris.* Part. 555. *La gorgete ot autresi blanche Com est la noif dessus la branche Quant il a freschement negié.* *Rose 545.*

Sammlungen auf diesem Gebiete sind vielfach gemacht, auch sind sie leicht zu vermehren; wir beschränken uns daher auf die Anführung der charakteristischen Unterschiede.

Auch die Blüten anderer Pflanzen werden aus gleichem Grunde wie die Lilie zum Vergleiche herangezogen. So finden sich namentlich: *flors d'aiglentier* Aiol 6696, *flor d'albespine* K. R. 707, *flurs d'espine* M. Fr., Lanv. 106; Rol. 3520 (vom Bart des Amiral), und da es weniger auf den Baum ankommt, selbst *flors d'olivier* Ren. 133. 20. Darum begnügen sich die Dichter schliesslich mit flors allein, um die Vorstellung von einem reinen Weiss zu erwecken. Dies findet sich schon in ältester Zeit: *Et out la charn tant blanche come flor en estet*, heisst es von Hugo's Tochter K. R. 403. Der Bart des Amiral ist auch *blanche cume flur*, Rol. 3172, und weitere Beispiele in grosser Zahl: *flors en pré*, Aiol 1209; Enf. Og. 4246; *blanc comme flor*, Ren. 260, 8; *flor sor la branche*, Fl. et Bl. 2622; *flors en este*, Amis 84; Rol 3162; Ren. 127. 8.

Da sich nun in dem schönen Frauenantliz das Rot der Wangen mit dem weissen Teint vereint, so wird man gleichzeitig an die Lilie oder den Schnee und die Rose erinnert: *Vermeille ert comme rose, blanche com flours de lis*. Berte 789. *Com flours de lis estoit blanche et polie Et plus vermeille que n'est rose espanie.* Enf. Og. 1470.

Aehnlich: *La dame ele est plus blanche que n'est flors d'aiglentier S'a la color rovente plus que rose en rosier*, Aiol 6697. oder: *Clarisce la cortoise, au gent cors envoisié, Qui plus estoit vermoille que rosse de rossier Et plus blance d'asses, que n'est la nois sor giel*, Ren. 170. 9.

Dächte man bei solchen Vergleichen lediglich an die Farben, so besagten sie noch wenig für das Naturgefühl. Dazu kommt, dass man auch keineswegs nur menschliche Schönheit in dieser Weise preist; denn Buev. 528 heisst es vom Zelt des Amustant: *estoit vermeille assez plus que cerise;* mit der Lilie wird auch das Weiss eines Pferdes Enf. Og. 5540 verglichen, oder ein Streitross ist *plus blans que nois*, ebenso von Waffen Durm. 6946, eine Rüstung (Clig. 4913) ist *plus blanc que flor de lis*, ein Turm Ren. 6, 10 *luist et reflamboie comme flors en esté*. Dabei ist jedoch zu beachten, dass es sich immer nur um die Darstellung einer S c h ö n h e i t handelt, und es wird auch klar ausgesprochen, dass man empfänglich ist für die Anmut der Blumen: *Ele est plus gracieuse ne soit la rose en mai* Berte 1407, oder: *com la flors sor l'ente*. Berte 276. *Plus estoit gracieuse et gente Que ne soit en may fleur seur ente*, Cléom 2749. *Flur de lis et rose nuvele, Quant ele pert el tens d'esté, Trespassot ele de bealté*, M. Fr., Lanv. 94. vgl. El. 1012.

Während bisher die Schönheit mit Hülfe der farbigen, zarten, anmutigen Pflanzenwelt gepriesen wurde, erscheint sie dort von ganz anderer Seite, wo man den strahlenden Glanz feiert, welcher von ihr ausgeht. Dann erinnern nicht bloss die Augen der Geliebten an die Sterne: *Si huil si grant clarte rendoient Que deus estoiles ressembloient*, Erec 427. während es im Clig. 814 matter von ihnen heisst: *Sanblent deus chandoiles qui ardent*, sondern von der ganzen Gestalt strömt ein lichter Schein aus, der wiederum an die Sterne, den lichten Tag, sogar an die Sonne gemahnt: *Et la luors de sa biauté Rant el paleis plus grant clarté, Ne feissent quatre escharboncle* ... Clig. 2749. oder bald darauf schöner, weil natürlicher: — *uns rais de lor biauté issoit* (Fenice u. Cligés). *Don li paleis resplundissoit Tot autresi con li solauz Reluist au main clers et vermauz,* Clig. 2757. *Ele resplant a devise Com estoile a l'ajornee,* Rom. u. Past. I, Anm. 73, v. 39 f. *O lui avoit .II. fieus, si biaus com un jor cler,* Aiol 10483. Selbst von Floire heisst es: *Sa face resemble soleus, Quant au matin apert vermeus,* Fl. et Bl. 2583.

Auch uns ist ja heute noch „strahlende“ oder „blendende“ Schönheit eine geläufige Vorstellung. Es liegt in den angeführten Gleichnissen aber doch eine gewisse Ueberschwänglichkeit der Empfindung, welche erst in späterer Zeit hervortritt. Das alte volkstümliche Epos hat keine Gelegenheit, menschliche Schönheit in dieser Weise zu feiern; denn der Frau wird darin bekanntlich keine Stelle eingeräumt, und beim Manne wird Zartheit verhöhnt, so dass Renaut im Spott dem Ogier zuruft: *Plus aves la car blance que nois sor le ramier,* Ren. 210, während Crestien keinen Anstand nimmt, von einem Krieger zu rühmen: *Si chevol sanbloient fin or Et sa face rose novele.* Clig. 2776.

Ueberschwänglichkeit und das Streben, möglichst viel Glanz und Pracht zu entwickeln, ist überhaupt ein Grundzug des höfischen Epos. Darunter leidet auch der Ausdruck des Naturgefühls; denn Mond und Sterne, selbst das Sonnenlicht, kommen nun nicht mehr dem Glanz der Edelsteine gleich: *Nule rien n'est clarté de lune A la clarté que toz li mendre Des escharboncles poist rendre.* Erec 6796. *Et s'a .IIII. rubiz desoz, Plus flanboianz et plus vermauz, Que n'est au matin li solauz, Quant il apert en oriant.* Chev. 424.

Auch das Kalt-Reflektierende tritt in den Vordergrund, so dass dadurch oft der naivere Vergleich unmöglich gemacht wird. Von dem Löwenritter rühmen die Zuschauer des Kampfes, dass er ist: *— desor toz reconoissanz, Si con cierges antre chandoiles Et la lune antre les estoiles Et li solaus desor la lune.* Chev. 3242.

Die Person wird nicht mehr mit dem Gestirn verglichen, sondern nur die Kenntlichkeit unter anderen betont. Dieses poetische Hülfsmittel ist gerade im höfischen Epos sehr verbreitet. Der Abstand zwischen Sonnen- und Mondesglanz wird benutzt, um das Hervorragen der Geliebten vor anderen Damen zu bezeichnen: Erec preist seine Dame: *Que vos ne s'aparoille nule, Ne que au soleil fait la lune.* Erec 827. Aehnlich: *Car d'autant com plus grant clarté Donne li solaus que la lune etc.* Cléom 3142, oder mit Benutzung anderer Bilder: *Entor ot mainte bele dame: Mais ensinc com la clere iame Reluit desor le bis chaillo Et la rose sor le pavo, Ausi est Enide plus bele Que nule dame ne pucele.* Erec 2399.

In gleicher Weise wird der Abstand zwischen edlem und gewöhnlichem Metall zur näheren Bestimmung des höheren Grades benutzt: *Car d'autant com passe fins ors De comparison le laiton,* so übertraf Clarmondine alle an Schönheit, Cléom. 16388; oder: *Mais Cligés an ot plus grant masse (biauté et savoir) Tant con fins ors le coivre passe.* Clig. 2773. Doch auch in dieser Form kann ein tüchtiger Dichter, wie Chrestien, einen anmutigen Gedanken ausdrücken: *Meis tot ausi come la rose Est plus que nule autre flors bele, Quant ele neist fresche et novele: Einsi la ou largece vient, Desor totes vertuz se tient.* Clig. 208.

Damit verbindet sich gut die Hyperbel, welche ebenfalls in später Zeit erst gern gebraucht wird: *Et s'il n'aimme ne n'a amé, Donc ai je an la mer semé, Ou semance ne puet reprandre.* Clig. 1035. Oder eine Hyperbel der Reflexion (wie Gottschall sie nennt, Poetik 209): *Mialz volsisse tote ma vie Vanz et orages endurer ....* Chev. 6754. Am Ende eines *jeu parti,* Mätzner XLII 82 heisst es mit einer kleinen Anakoluthie: *Richart, ne que espuchier Puet on la mer d'un tamis Ne vous vaurroit mais castis C'on ne puet musart castoier,* vgl. Anm. mit noch zwei Beispielen für diese Wendung.

Hier liegt nirgends mehr eine eigentliche Naturbeobachtung, sondern nur eine Spielerei des Geistes vor. Es findet eine Uebertreibung über das Mass des Wirklichen hinaus statt. Da man sich aber dieser Uebertreibung bewusst ist, so drückt man gleichsam die stumme Kritik in der Form einer Hypothesis aus: „Mir ist als ob ....", oder man verneint direkt die Möglichkeit der angenommenen Erscheinung. —

Endlich müssen wir noch daran erinnern, dass Naturerscheinungen wie Blitz, Donner, Regen, Sturm bei analogen Geräuschen oder Bewegungen dem Geiste als Bilder vorschweben können. Der Lärm der Freude, das allgemeine Klagen, das Kampfgetöse wird so gross geschildert: *Que l'en n'oist pas deu toner,* Chev. 2350, vgl. die Anm. von Holland zu dem Verse.

Diese Wendung ist allgemein verbreitet: Clig. 5886, Cléom. 4066, 14866. Henri V. S. 526.

Aufgeklärter klingt: *s'il tonast est ciaus, Cil del chastel rien n'an oissent,* Clig. 2012.

Für das Rauschen des Wassers gilt: *Bruiant comme tempeste,* Erec 5329.

Der äussere Vergleich zwischen dem Riesen und der Eiche und die Wirkung, welche ihr Fallen auf den Zuschauer machen muss, verschmilzt bei der Stelle: *Li jaianz chiet, la morz l'asproie; Et se uns granz chasnes cheist, Ne cuit que graindre esfrois feist, Que li jaianz fist au cheoir,* Chev. 4236.

Als Mass der Schnelligkeit gilt die des Windes: *Adonc vienent plus tost ke nus vens ne ke bise,* Ren 370, 29. *Et cil i corrent tantost comme tempeste,* Jourd. 526.

Das Zittern des tierischen Körpers erinnert an das Beben des Blattes: Galopin schlägt das Wunderpferd (Elie 2037): *Se li tranble li cors con feulle de lorier.*

Chrestien's Vergleiche zeichnen sich fast immer durch eine klare und sachliche Beobachtung aus: *De la fontainne poez croire, Qu'elle boloit come eve chaude,* Chev. 420. Poetischer: *Mout an ocist mout an afole, Car ausi con foudres qui vole Anvaïst toz çaus qu'il requiert,* Clig. 1791. Namentlich treffend: *Et quant les espees resaillent, Estanceles ardanz an saillent Ausi come de fer qui fume, Que li fevres bat sor l'anclume, Quant il le treit de la favarge.* Clig. 4075.

Aus den bisher betrachteten Vergleichen wird man noch keine grossen Schlüsse auf das Naturgefühl der Altfranzosen ziehen können.

Es ist nicht zu verkennen, dass sie meist den einfachsten Erscheinungen in der Natur entnommen und auf rein äussere Beobachtung gestützt sind. Immerhin sind sie nicht ganz gleichgültig, weil sie dennoch, wie wir es im Genaueren in der Einleitung zu diesem Abschnitte dargelegt haben, ein Interesse an der Aussenwelt bekunden, die Anerkennung der Schönheit von Blumen, Mineralien und Sternen verraten, so dass man sich letzterer immer wieder gern bei Erscheinungen erinnert, die einer ganz anderen Sphäre angehören und die oft nur eine ganz entfernte Aehnlichkeit mit jenen aufweisen.

Bedeutend gesteigert muss dieses Interesse werden, wenn sich dem Menschen ein Gebiet erschliesst, wo er unverkennbar ein getreues Abbild seiner eigenen Charaktereigentümlichkeiten, Neigungen und Bethätigungen erblickt: Die Tierwelt. Welch' reicher Schatz von Analogieen ergiebt sich hier gerade dem epischen Sänger. Kraft, Mut und Kampfbegier, Gewandtheit, Schnelligkeit, Stolz, List, Sanftmut und Feigheit, wofür liesse sich nicht ein Vertreter unter den Tieren aufstellen? Die Tierwelt kann geradezu als Karrikatur der Menschheit gelten, und das Tierepos hat ja dafür den praktischen Beweis geliefert.

Darum finden wir auch im französischen Epos die ganze Tierwelt, welcher die Erde, das Wasser und die Luft als Lebenselement gegeben ist, in fast überreicher Weise für den Vergleich verwertet. Es mögen uns einige Beispiele gestattet sein, wenn sich auch zu anderen Zwecken davon schon Zusammenstellungen finden.

Für die Schnelligkeit vergleicht man gern bestimmte Tiere: *Lor cheval sont corant, isnel comme faucon,* Buev. 181. vgl. Ren. 205, 20. *Un destrier corant comme levriere,* Buev. 2383. Bajart übertrifft an Schnelligkeit *aloe* und *faucon,* Ren. 402, 36; 277, 37. Auch dem *alerion* rühmt man einen schnellen Flug nach und daher: *Vint plus tost c'uns alerions,* Chev. 484.

Schliesslich nimmt man es mit der Einzelart des Tieres nicht so genau, wenn es gilt den Vers zu füllen: *Il li coroit plus tost sor la montaigne bele Que ne cort cers ne dains, sainglers ne beste.* Aiol 5337. Wie ungeschickt ist das nachfolgende *beste!*

Für das kühne und schnelle Vordringen des französischen Siegers gegenüber der feigen Flucht des, gewöhnlich heidnischen, Unterliegenden werden besonders gern Vergleiche von der Jagd genommen, die ja ein Hauptmoment des französischen Ritterlebens ausmachte. Charakteristisch ist dafür, dass auch im Rolandsliede das einzige ausgeführtere Bild, über dem man die früher angeführten Vergleiche (vv. 3162, 3172, 3520) oder die auch bei Graevell, die Charakteristik der Personen im Rolandsliede, Marburg 1880, zu findenden, aus der Thierwelt entnommenen (vv 1111, 1888, 890, 1573, 1529, 1492) gewöhnlich unberücksichtigt lässt, ebenfalls auf die Jagd Bezug nimmt: *Si cum li cerfs s'en vait devant les chiens Devant Rollant si s'en fuient paien* v. 1874.

Derselbe Vergleich geht in mehr oder minder veränderter Form durch die ganze afz. Epik vgl. Ren. 103, 18; auf die Schnelligkeit eines Schiffes bezogen, Part. 763; ähnlich Clig. 2442; und mit anderen Tieren: *Si le fuient paien com gierfaut fait la grue,* Buev.

1578, *Ausi con li faucons fait les oiseus fuir, Fait Guillames d'Orenge paien et Sarrasin.* Elie 659.

Auch ausserhalb der Jagd dasselbe Bild: *Com pour le leu font aignel et mouton,* so fliehen die Heiden. Enf. Og. 5363.

Die Prosa liebt den gleichen Schmuck. Es fliehen die Feinde *aussi comme les aloes font por les espreviers,* Henri V. 540.

Etwas verändert findet sich der Vergleich, Cléom. 1167: *Cléomadès tant redoutoient Que devant s'espee fuioient Com fait ane devant faucon Et grue pour l'alerion.*

Es lag nun nahe, diese Angst der Feinde auch in dem verfolgten Tiere zu suchen, so dass sich daraus ein abstrakteres Bild ergiebt: *Plus le redoutent* (die Heiden den Ogier) *ne fait ane faucon Ne que fait grue l'alerion.* Enf. Og. 5983, oder mit den üblichen Variationen: *Car plus le redoutoient ne fait lievres levriere,* Buev. 1800. *Plus le doutoient ne fait l'esprevier kaille.* Enf. Og. 5414.

In ähnlicher Weise werden Bilder für andere Seelenstimmungen aus der Tierwelt entnommen. Für die Kampfbegier: *La bataille desire k'ains fameilleus lions Ne desira autant ne aigniaus ne moutons,* Buev. 2582. *Plus desire mellée ne fait girfaus la grue Ne espreviers aloe,* Buev 926.

Eine verzweifelte Lage schildernd: *Près sui k'en autel point que pinchons ou aloe K'espreviers fameilleus tient saisi en sa groe,* Berte 859.

Besonders reich an derartigen Vergleichen ist Crestien de Troies, der wohl in seiner bevorzugten Stellung am Hofe oft Gelegenheit hatte, an den Jagdbelustigungen der vornehmen Kreise teilzunehmen. Er bleibt gewöhnlich nicht beim äusseren Vergleich stehen, sondern vertieft sich gern in die Situation, indem er dabei auch die Eigenart der Tierseele berücksichtigt. Die künstlerische Form, in der er Meister ist, erhöhen den Reiz seiner Bilder. Wir führen einige Stellen an: *Si com li chiens qui a chaciee La beste tant, que il l'a prise, Ensi coroient sanz feintise, Tuit et totes par enhatine* . . . Chev. 4244. *Et reverchiez toz ces quachez Plus menuement, que brachez Ne vet tracant perdriz ne caille.* Chev. 1263. *Atainz les a, si les assaut, Come lous qui a proie saut Fameillus et esgeünez,* Clig. 3573. *Si com girfauz grue randone, Qui de loing muet et tant l'aproche, Qu'il la cuide paure et n'i toche Einsi cil fuit et cil le chace Si pres, qu'a po, qu'il ne l'anbrace.* Chev. 880, vgl. ferner Chev. 3187.

Weniger zutreffend hat der Dichter den Vergleich gewählt, wenn er die kühnen Helden Gauvain und Cligés auf einander einstürmen lässt: *Plus tost que cers, qui ot les gleis Des chiens qui aprés lui glatissent.* Clig. 4933.

Die Sehnsucht nach der geliebten Person wird in folgendem Bilde veranschaulicht: *Cerf chaciez, qui de soif alainne, Ne desirre tant la fontainne, N'esprevier ne vient au reclain Si volontiers com (l. cant T.) il a fain* . . . . Erec 2071.

Unerschöpflich ist Chrestien in Bildern dieser Art, wenn es gilt, den seelischen Zustand seiner Helden zu schildern. Da gebraucht er auch einmal einen anderen Kunstgriff, als er von der Furcht und Scheu des Cligés spricht, der Fenice seine Liebe zu gestehen, obwohl sich eine günstige Gelegenheit dazu bietet. Die ganze Welt scheint ihm verkehrt: *Deus! ceste crieme don li vient, Qu'une pucele sole crient, Foible et coarde, simple et coie? A ce me sanble que je voie Les chiens foïr devant le lievre Et la tortre chacier le bievre, L'aignel le lou, le colon l'aigle, Einsi fuit li vilains sa maigle, Don il vit et don il s'ahane, Einsi fuit li faucons por l'ane Et li girfauz por le heiron, Et li gros luz por le veiron, Et le lion chace li cers, Si vont les choses a anvers.* Clig. 3845.

Auch hier liegt keine eigentliche Naturbeobachtung vor (vgl. S. 31), aber die dichterische Phantasie gefällt sich darin, das weite Gebiet des Weltalls zu durchfliegen, in dem sicheren Bewusstsein, überall wieder Analogieen znm menschlichen Leben anzutreffen. Vischer IV 1226 drückt diesen Gedanken trefflich aus: „Einerseits weidet sich in solchem Umherschauen nach vergleichbarem Stoffe aus anderen Sphären die Phantasie an ihrer eigenen Schönheit, jedoch in der ächten Dichtung niemals selbstsüchtig, sondern in dem guten Sinne, dass durch die Freiheit, durch das ideale Ueberschweben, worin sie sich geniesst, die innige Vertiefung in das bestimmte Objekt, dem die Vergleichung gilt, nicht gestört wird; es ist eine Befreiung vom stoffartigen Festkleben, eine Lösung in der Beschränkung, deren Natur besonders da einleuchtet, wo sie der Dichter einer poetischen Person als ihren eigenen Akt beilegt, so dass wir Zeugen eines objektiven Schauspiels sind, worin der Mensch von seiner Leidenschaft sich befreit, indem er alle Bilderkraft der wühlenden Phantasie aufbietet, sie darzustellen." Wenn aber der menschliche Mikrokosmus verkehrt erscheint, so dünkt uns eine Bedingung, dass auch die übrige Weltordnung stürze.

Die Freiheit der menschlichen Phantasie äussert sich ferner darin, das Vorgänge zum Vergleiche herangezogen werden, die dem Dichter nicht aus eigener Anschauung bekannt sein können. Hat er aber sonst das Leben in der Natur beobachtet, das sich, so mannigfaltig es im Einzelnen sein mag, doch immer wieder nach einheitlichen Gesetzen geregelt darstellt, so wird er auch in jenem Falle schwer einen Missgriff thun. Dies gilt etwa von folgenden Bildern, die sonst zu den bisher behandelten gehören: *Tot autresi antr'ax se fiert, Com li lyons antre les dains Quant l'engoisse et chace la fains,* Chev. 3196. Vom Löwen des Yvain heisst es einmal: *Coroit come pors forsenez, Qui ne prant garde, ou il se fiere.* Chev. 3516. Auch Clig. 3700 ist hierher zu stellen: *Onques nule beste sauvage, Lieparz ne tigre ne lions, S'ele voit prandre ses feons, Ne fu si ardanz n'anragiee Ne de combatre acoragiee, Con fu Cligés cui il ne chaut De vivre s'a s'amie faut.*

Gewöhnlich aber beschränken sich die Dichter darauf, soweit es sich um die Tierwelt handelt, die Bilder der Jagd zu entnehmen, oder sie verwerten zu gleichem Zwecke die Naturen derjenigen Tiere, mit welchen der Mensch von jeher in stetem Verkehr lebte, wie mit den Haustieren oder den Vögeln: *Ensi m'a Karles pris, com oiselet au broi.* Ren. 359, 40.

Von Aiol heisst es: *Li oiseus debonaires del bos rame, Il meismes s'afaite, bien le saves, Autresi fait Aiols el bos li ber.* Aiol 255.

Si samble que il aient lor gent en garde pris Comme li pastour ont pour les leus lor brebis (auf dem Rückzuge) Buev. 1599.

Die Riesen höhnen Erec, er solle vom Kampfe abstehen: *Se vos estiez trois ou quatre, N'avriez vos force vers nos Ne c'uns aigneax contre deux lous.* Erec 4410. *L'un en aert et si le sache Par terre ausi com un moton.* Chev. 5626.

Bei der oft hervorgehobenen bedeutenden Rolle, welche gerade die Tierwelt in der Dichtung aller Völker von jeher gespielt hat und welche ihren charakteristischen Ausdruck in dem deutschen Tierepos oder den orientalischen Tierfabeln gefunden hat (vgl. Humboldt, Kosmos II 36; Uhland, l. c. S. 52; Sébillot, l. c. II 3), würde es zu weit führen, wollten wir alle die zahllosen Modifikationen berücksichtigen, welche den Dichtern für ihre Vergleiche auf diesem Gebiete zur Hand sind. Wegen ihres formelhaften Vorkommens wollen wir noch hinweisen auf Wendungen wie: *Outre plus joins que nus faucons S'entrepassent,* Cléom. 11370, ähnlich 8768, Enf. Og. 2724. *Anbedui s'entrevienent comme lupart irie,* Aiol 7632, oder die oft nichtssagenden Variationen: *Adont saillist Renaus aussi comme senglers,* Ren. 449, 2. *Adonc sailli en piés plus tost que arondele,* Ren. 385, 35 und à *guisse de liom,* Ren. 284, 34.

Mehr Beachtung verdienen nur diejenigen Vergleiche, bei welchen den Tieren ein bestimmter Charakter beigelegt wird. Da ist in erster Linie der Löwe ein beliebtes Sinnbild des Helden. Dieser ist: *Fiers com lyons,* Buev. 721; Chev. 486; Rol. 1888; *Plus fiers que liom,* Ren. 282, 29; *Fiers et aigres comme lions,* Cléom. 11342; *Plains de fierte comme lions,* Durm. 4670; *De fierté resembloit lyon,* Erec 2258.

Dies Epitheton kann als selbstverständlich vorausgesetzt werden; darum genügt es zu sagen, dass sich Namlon im Kampfe hält: à *guise de lyon,* Enf. Og. 5350 oder: *Com lyons se desfendent, chascuns bien se prouva,* Buev. 1126. Neben *irié comme lion,* Ren. 179, 27; 185, 20; 187, 33; 202, 9; stellen sich dann; *iriez comme sainglers,* Jourd. 4055, und *irié comme lupart,* Aiol 10759; 10777 (von den Sarazenen); Ren. 339, 34, doch hier 119, 25 *lupars* und *lion* gleichgesetzt. Ferner: *hardi comme sangler,* Ren. 12, 15; 231, 37; *mauveis et coarz come lievres,* Clig. 4546.

Der Vogel mit seinem munteren Hüpfen und hellen Zwitschern ist ein Sinnbild frohen Mutes. Renaut, als der Kaiser endlich Frieden gewährt: *Pui monta en la tor, issi liés com oisel,* Ren. 399, 6.

„Gesund wie ein Fisch im Wasser" fehlt unter entsprechender Form auch nicht. Die verwundeten Brüder des Renaut werden von Maugis mit einer Salbe eingerieben und: *Maintenant sont plus sain ke ne soient poisson,* Ren. 219, 17, oder: *Je ne sui pas si aise com li poissons qui noe,* Berte 858.

Der Sanftmut des Lammes wird gedacht bei dem Benehmen des Löwen: *Qui ausi dolcement se gist Lez lui, com uns aigniax feist.* Chev. 4003.

Weiter ab vom Naturgefühl liegen diejenigen Vergleiche, welche ihr Dasein den Fabeln und Sagen verdanken, wie sie über einzelne Tiere im Umlauf waren und uns bis heute in *„physiologis“* oder *„bestiaires“* erhalten blieben. Dennoch können wir nicht achtlos an ihnen vorüber gehen, weil sie einerseits das Interesse an der Natur heben mussten, indem sie zur Beobachtung herausforderten, andererseits freilich eine unbefangene Anschauung hinderten. An das Einhorn braucht nicht erinnert zu werden. Wie beliebt ist in der Trobadorpoesie das Bild vom Salamander; und so lassen sich auch aus der afz. Epik manche hierhergehörige Stellen anführen: Die Gattin des Alexis klagt: *Ore vivrai en guise de tortrele,* Alex. 30 d. Diese knappe Form zeigt, wie allgemein verbreitet eine bestimmte Ansicht von der Lebensart dieses Tieres gewesen sein muss; und es ist nur der überall hervortretenden Weitschweifigkeit des späteren Bearbeiters zuzuschreiben, wenn jene Stelle in der Redaktion des XIIe siècle lautet: *Or mais vivrai a loi de tourterele Qui pert son malle, puis ne veut autre querre* (1 span. und 1 prov. Stelle, welche dasselbe Bild enthalten, führt Müller: Studien über drei dramatische Bearbeitungen der Alexiuslegende. Berlin. Diss. 1888. S. 27 Anm. an; aber schon Grimm hat in den Altdeutsch. Wäldern III. S. 34 ff. die Verbreitung der Sage von der Turteltaube und ihr Vorhandensein im Altertum nachgewiesen; vgl. auch Chev. 2582. Anm. von Holland). Solche Züge erhalten sich oft bis zur Gegenwart und werden in mancher kleinen Perle der Volkspoesie treu bewahrt. vgl. Haupt-Tobler. Französische Volkslieder. Leipzig 1877, S. 12, wo ein verlassenes Mädchen klagt, sie wolle weinend aller Freude vergessen: *En ressemblant la turturelle Qui a le coeur triste et marry; quand elle a perdu sa pareille, Sur branche seiche va mourir [A qui me doy je retirer,* S. 10].

Crestien verwertet geschickt die Sage vom Phönix: *Fenise ot la pucele a non Et ne fu mie sanz reison, Car si con fenix li oisiaus Est sor toz autres li plus biaus N'estre n'an puet que uns ansamble.* Clig. 2725.

Von Ermengars, der Gemahlin des Aimeri und Mutter Buevon's, wird gesagt: *Plus ert plaine de grace que ne soit la panthere Que les bestes poursivent pour sa douce matere.* Buev. 54.

Den gleichen Zug gebraucht der geschwätzige B. de Condé für das Verhalten der Menestrels, welche dem Reichen um seines süssen Atems willen (der Freigebigkeit) folgen: *Tut ensement con la pantere, Cui les biestes sivent et tracent Et jusques à la mort le cachent Por la douce alaine qu'il porte, Tout ensi et raisons l'aporte. Me samble qu'il soit dou haut home etc.,* B. de Condé II 50—75 vgl. Anm.

Dieser Schriftsteller ist besonders reich an Vergleichen; aber er vermag, ein echtes Kind seiner Zeit (vgl. Scheler, Introduct., p. 1), nichts Originales zu bieten. Bis zur Unerträglichkeit wird ein bekannter Vergleich geschwätzig ausgeführt unter Anwendung von Wortspielen und gewaltsamen Satzverdrehungen, wie sie die rimes équivoques, die der Dichter besonders liebt, bei übertriebener Anwendung mit sich bringen. Man sehe z. B. den Vergleich einer schönen Dame mit einer Rose: X *Li Contes de la Rose,* S. 144 v. 331 ff.

Die bisher behandelten Vergleiche haben alle ein gemeinsames Merkmal. Es wird darin entweder Sinnliches mit Sinnlichem, oder Geistiges mit Geistigem verglichen. Wenn wir früher dargelegt haben, dass der menschliche Geist von Anfang an Abstrakta nur auffasste, so weit sie sinnlich zur Anschauung kamen, so liegt nahe, dass auch der Dichter sich nicht ein Mittel entgehen lassen wird, die Anschaulichkeit zu heben, indem er das Unbestimmte durch Bestimmtes, das Geistige durch Sinnliches ersetzt. Wenn es in dem oft zierlichen Partonopeus v. 119 f. heisst: *Li sages de quanqu'est sos ciel Trait sens, con es trait de flor miel,* so danken wir dem Dichter statt einer unbestimmten Vorstellung ein festes, anschauliches Bild. Erst in späterer Zeit, und namentlich in dem höfischen Epos, beginnt man mehr auf das Seelenleben der Menschen zu achten und stellt es dar durch Vergleiche mit Naturerscheinungen. Dadurch werden wieder neue Bande zwischen der menschlichen Seele und der Aussenwelt geknüpft. Namentlich bei Crestien findet sich reiches Material: *Joie d'amors, qui vient a tart, Sanble la vert busche, qui art, Qui dedanz*[1]*) rant plus grant chalor Et plus se tient en sa valor, Quant plus demore a alumer.* Chev. 2519, oder: *Toz jors mes el cors me cocust, Si com li feus cove an la cendre, Ce dont (ge) nel vueil ore reprendre,*[2]) Chev. 6760.

Im Selbstgespräch überzeugt sich die Dame, dass der Ritter, welcher ihren Gatten getötet hat, ihr eigentlich kein Unrecht zufügte: *Et par li meismes s'alume Ensi come li feus, qui fume, Tant que la flame s'i est mise, Que nus ne la soufle n'atise.* Chev. 1777.

Bildlicher, schon wegen des *noz proeces estaignent,* sprechen die Leute an Artus' Hofe, welche Cligés mit den Worten feiern: *Tot autresi con li solauz Estaint les estoiles menues, Que la clartez n'an pert as nues La ou li rai del soloil neissent: Aussi estaingnent et abeissent Noz proeces devant les voz* . . . . . Clig. 5008.

Hierher gehören auch diejenigen Vergleiche, welche göttliche Dinge unter einem Naturbilde begreifen: *Trois choses sont une flor: Olors et cors et colors Ausiment en deitei, Triniteis en unitei.* Wackern. 39.

Crestien spricht von dem Herzen, welches, gebeten, freudiger das thut, worauf es ohnehin seinen Willen gesetzt hat und wozu es die Liebe antreibt; er reiht dann gleichsam als Sentenz ein: *Li chevax, qui pas ne va lant, S'esforce, quant an l'esperone.* Chev. 2146.

So verknüpfen sich je nach dem Geschmack und den Sonderinteressen jedes Dichters oft weit auseinanderliegende, für ihn jedoch gleichartige Vorgänge.

So lange aber noch von dem Dichter ein „gleich" oder „wie" zwischen die verglichenen Dinge gesetzt wird, bleibt eine Kluft zwischen ihnen bestehen, wird Sinnliches und Geistiges zwar als ähnlich, aber noch nicht so verwandt empfunden, dass eins für das andere eintreten könne. Auch diese Kluft wird von der lebhaften Phantasie überbrückt; denn, wenn ein Dichter erst sagt: Du bist wie

---

[1]) Anm.: Tobler vermutet *de tant* statt *dedanz*.

[2]) cf. Anm. von Holland.

eine Blume". so hindert ihn nicht mehr die Verschiedenartigkeit der äusseren Form, er befreit sich vom Stoffe, denn sein Reich ist die Idee, die Empfindung: er sagt: „Du bist eine Blume." Wir erhalten

die Metapher.

Mit ihr ist ein bedeutender Schritt für das Naturgefühl gethan. Erst in ihr spricht sich die ganze Tiefe der Naturempfindung, deren der Mensch fähig ist, aus. Er schaut nicht mehr die Aehnlichkeit zwischen Dingen, welche ganz anderen, weit auseinderliegenden Sphären angehören, er empfindet sie als identisch. Für die Metapher erst gilt in vollem Masse, was Vischer in dem Drange der Phantasie zum Gleichnis erkennt: „Die allgemeine metaphysische Wahrheit, dass alle Wesen der Welt Glieder einer Kette sind und in unendlichen Anziehungen der Verwandtschaft treten können, dass das All im Flusse der inneren Einheit sich bewegt." Schon die Alten haben die grosse Bedeutung der Metapher für Dichtung und Naturanschauung erkannt. „Aristoteles (Poët. c. 22) sagt, dass es ein gar Grosses sei, die Metaphern richtig zu gebrauchen; es sei hierzu eine originale und künstlerische Begabung erforderlich, welche die Bilder der Welt nach ihrer Aehnlichkeit zu schauen vermöge ..... und bemerkt weiter (Rhet. III $_3$). dass die weit hergeholte Metapher frostig sei." (Gerber II $_{92}$).

Bei den altfrz. Dichtern finden wir diese poetische Figur nicht immer rein gewahrt. Zunächst ein paar Beispiele: Die Jungfrau wird ganz in der Art einer Geliebten gefeiert: *Tu ies roze coloree, Tous tens ies vermoille .... Tu ies lis et violete Tous jors nette et pure .... Tu ies flor A cui l'odor Ne faut ne n'empire .... Tu ies frus Ki nos condus ... Tu ies rosiers Tu ies vergiers ...* Wackern. 45.

In diesem Stile sind auch die meisten übrigen Marienlieder des Mittelalters geshrieben. Ein Bild drängt das andere, zum Teil nur in kurzen Apostrophen, wie *Sourjons de bien, ruisiaus de carite* bestehend, andererseits in längerer Ausführung Vergleich und Metapher verschmelzend: *Vierge roiaus, ausi con sur verdure Descent rousee, ensi par verite Se mist en vous li solaus en droiture ....*, wo die Gleichstellung von *rousee* und *solaus* im Bilde und namentlich das *par verite* in der Form stört. Geschmacklos aber ist weiterhin: *Siros confis de douce confiture, De .iiij. herbes plaines de sanite, Del saint esprit, ce tesmoigne escriture, Del fil, del pere et d'incarnalite ...* Mätzner XXXIX v. 12 ff., v. 45 ff.

Daran schliesst sich am besten Adenet, welcher oft eine gleiche weitschweifige allegorische Darstellung zeigt. Er preist einmal Cléomodès: *C'ert li arbres de hardement Enracines d'apensement, Entez de très haute prouece, Fueillis d'onnour et de largece, Floris de bonne volenté, Fructefiez de seürté, Assavorez d'umble douçour, Meürs de force et de vigour.* Cléom. 1445, ähnlich eb. 2729.

Ein andermal klagt der Held: *Ha! Clarmondine, douce amie, Flour de lis et rose espanie, Esmeraude, rubis, toupace ....*

Hält man Crestien's Werke dagegen, so zeigt sich auch hier wieder die grosse Ueberlegenheit des Dichters über alle seine Fachgenossen. Wir möchten eine Stelle aus dem Chev. au lyon anführen, welche trotz weiterer Ausführung doch durch ihren liebenswürdigen

Ton und die Lebendigkeit der Rede anmutet. Der Dichter will von aller Freude schweigen, die sich gelegentlich der Ankunft des Königs Artus äussert: *Mes seulement de l'acointance Voel faire une brief remambrance, Qui fu feite a prive consoil Entre la lune et le soloil. Savez, de cui je vos voel dire? Cil, qui des chevaliers fu sire Et qui sor toz fu reclamez, Doit bien estre solauz clamez; Por mon seignor Gauvain le di; Que de lui est tot autresi Chevalerie anluminee Come solauz la matinee Oevre ses rais et clarte rant Par toz les leus, ou il s'espant. Et de celi refaz la lune, Dom il ne puet estre que une De grant foi et de grant aie; Et neporoec je nel di mie Seulement por son grant renon, Mes por ce, que Lunete ot non,* Chev. 2395. (Aehnliches Wortspiel wie Clig. 2725 ff.)

Der König fragt nach der Mutter der Enide. Erec stellt sie vor. Darauf antwortet jener galant: *Certes dont vos sai ie bien dire Que mout doit estre bele et gente La flors qui naist en si bele ente, Et li fruiz miendres qu'en i quiaut: Car qui de bon ist, soef iaut.* Erec 6868.

Adenet, der eher als Reimer denn als Dichter bezeichnet werden muss, da er ja nur alte Werke für den Geschmack seiner Zeit bearbeitete, ist durchweg mehr auf die äussere Form bedacht, während die alten Chansons de geste vorzüglich die Sache im Auge haben. Er betont dies auch: *Seignor, oyez estoire de renon, D'amours et d'armes, d'onnour et de raison, Don li ver sont et gracieuse et bon.* Enf. Og. 251. Es findet sich zwar auch bei diesem so wenig originalen Sänger ein ansprechender Vergleich; aber auch den besten merkt man die Absicht zu gefallen an. So, wenn er von zwei kämpfenden Helden sagt (Guill. d'Orange und Ogier: *Il vielèrent tout doi d'une chançon, Dont les vieles erent targe ou blazon, Et brant d'acier estoient li arcon. De tes vieles vielèrent maint son Grief à oïr à la gent Pharaon.* Enf. Og. 251.

Wir haben es hier überall mehr mit einer Verschmelzung von Vergleich und Metapher zu thun und können leicht die Beispiele mehren, ohne dass jedoch dadurch für unseren Zweck etwas gewonnen würde. Man vergleiche etwa noch: Enf. Og. 4508 f.; Jourd. 143 ff.; Part. 4199 ff.; Clig. 602 ff., 3893 ff.; Fl. u. Bl. 372 ff.; Ren. 238, 36.

Da die Metapher im Allgemeinen als konzentrierter Vergleich angesehen werden kann, so liegt ihr Wert auch in ihrer Kürze, und die Sprache gewinnt gerade dadurch an Kraft, Hoheit und dichterischem Schwung. Dem Dichter, welcher mit liebevollem Auge die ihn umgebende Natur betrachtet, werden sich überall und unmittelbar Bezüge aufdrängen, und ein einziges Wort genügt oft, dem Hörer eine ganze Reihe von Bildern vorzuführen, die nur Unverstand und geistlose Geschwätzigkeit kleinlich auszumalen bemüht ist. Solche Metaphern haben wir schon früher beim bildlichen Ausdruck berührt als im Wortschatz jeder Sprache verborgen. Bewusst bildet sie der Dichter etwa in folgenden Wendungen: Von einer Dame: *Rai de la biaute* Clig. 2757. *Luors de la biauté* ib. 2749; *Ma dame est fleurs de lis et rose de saison,* Buev. 334. Ermengars lobt ihren Sohn Guillaume wegen seiner Tapferkeit: *De très haute prouece estes li vrais rubis.* Buev. 1631. Oft wird von einem Helden gerühmt: *ot cuer de lion,* Ren. 50, 3; 437, 17; Clig. 3554; Enf. Og. 250. oder Mélior ruft aus: *Deus! con se joignent en lui* (Part.) *bel Cuers de lion et cuers d'aignel.* Part. 8598. Hektor ist: *Tormente et foudres en estors,* Part. 157. *Sarrazin furent en duel et en paour, Quant perdu orent des rois paiens la flour.* Enf. Og. 6286.

Als die Familie des Symon reichlich belohnt wird wegen ihres liebevollen Benehmens gegen Berte, sagt seine Frau Constance: *Bien sommes en biau pré mis de povre bruiere,* Berte 3201.

Durm. 7717 (uns noch heute geläufig): *De loins perent les conoissances* (beim Turnier) *Ce senble une forest des lances.*

Kann ein Feldherr kürzer und doch zugleich kräftiger und verständlicher zu seinen Soldaten sprechen, als: *Or soit cascuns de nos faucons, et nostre avresaire soient bruhier.* Henri V., S. 526. Später feuert der Kaplan Philipp seine Krieger an: *Vous iestes li grains et véés de là le paille,* Henri V., S. 538.

Endlich würde man hier der Sprüchwörter gedenken müssen, welche meist als Metaphern anzusehen sind; wenn z. B., auf den Kampf bezogen, gesagt wird; *la force paist le pré,* Jourd. 211. Oder mit entsprechend metaphorischer Anwendung: *„De pute racine pute herbe" Et si redist on à la fois: „Adès reva li leus au bois."* Cléom. 170. Später v. 16085: *Qui laisse le grain pour la paille Et lait le noiel pour l'eschaille Quant la noisete est depecie, Il m'est avis que il fait folie.* Ren. 178, 19: *Ki cerf cace, cerf prent, etc.*

Es wird dabei wiederum eine Beobachtung aus der Natur als identisch empfunden mit dem vorliegenden konkreten Fall, welcher dem sinnlichen oder geistigen Gebiete angehören kann, und man überlässt es dem Hörer oder Leser, den Vergleichungspunkt selbst herauszufinden.

Ueberblicken wir noch einmal im Fluge die lange Reihe von Vergleichen, welche wir als Repräsentanten des Naturgefühls der Altfranzosen anführen konnten, so sehen wir, dass sich die ganze Natur, Tiere, Pflanzen, Sterne, Metalle, Edelsteine, Sturm, Regen, Donner, Blitz und andere Naturerscheinungen in der Dichtung wiederspiegeln und in Beziehung gesetzt werden zur menschlichen Natur. Wir erkannten ferner, dass nicht nur eine Beziehung, sondern auch eine direkte Identifizierung stattfand. Daneben blieb aber immer noch das rein Menschliche bestehen, welches der Dichter in erster Linie im Auge hatte. Es fehlt noch die höchste Stufe des Naturgefühls, dass nun auch der aussermenschlichen Natur eine eigene Seele von der Phantasie geliehen werde, dass wirklich, als letzter Schritt, den die innige Naturliebe machen kann, das Leblose von dem Geistigen ganz durchdrungen werde, so dass es eigene denkende oder empfindende Existenz erhalte.

Da müssen wir freilich anerkennen, dass das sympathetische Naturgefühl, welches die tote Natur statt unser denken und empfinden lässt (vgl. Einleitung), das die Aussenwelt zum treuen Spiegel unseres eigenen Seelenlebens macht, ausschliesslich modern und nur in seinen Keimen aus früheren Litteraturen nachzuweisen ist. Wir empfinden es heute als poetisch, wenn uns ein Dichter anvertraut, was ihm der Wald erzählte. Wir wissen ja, dass ihm nur das aus der Natur entgegentönt, was er selbst empfindet, wir hören doch nur das Dichter-, das Menschenherz.

Solche Beseelungen der Natur scheinen auf den ersten Blick in den bekannten Träumen der afz. Epen enthalten. Nicht bloss Tiere handeln dort statt Menschen, sondern es wird uns auch einmal erzählt, dass Wald, Forst und Gehölz einem jungen Helden (Aiol) entgegengehen und sich vor ihm neigen (Moyses deutet es dahin, dass Aiol ein grosses Königreich empfangen werde); in gleicher Weise huldigen ihm die Mauern von Pampeluna (vgl. Aiol 362 ff.). Aber man darf dabei nicht vergessen, dass dies doch nur als Traum, als Unwahrscheinlichkeit empfunden wird, dass es nur kalte Allegorieen und nicht Beseelungen sind, welche aus der Tiefe der Naturempfindung entsprangen.

Bedeutsamer ist schon eine Stelle aus dem Enf. Og.: Aloris, der Bannerträger, ist mit der ihm anvertrauten Oriflamme geflohen. Nachdem nun der Dichter die Betrachtung angestellt hat, wie sonst dieses edle Heereszeichen, mit dem Blute der Heiden bespritzt, oft Furcht und Schrecken in deren Reihen verbreitet hat, fährt er fort: *S'ele parlast, ele eüst tost prouvée Vraie raison que mal ert assenée Et que n'estoit pas à son droit donnée.* v. 971 ff. Die Kühnheit der Phantasie geht nicht so weit die Fahne selbst in irgend einer Form klagen zu lassen; aber in dem hypothetischen Ausdruck liegt immerhin der erste Schritt zu derjenigen Personifikation, welche eine Eigenart des modernen Naturgefühls ist.

Bei dem anmutigen Gleichnis, welches Tristram der Königin, auf einer Haselstaude eingeschnitten, übermittelt — Chievrefoil (M. de Fr.) 68: *D'els dous fu il tut altresi Cume del chievrefoil esteit Ki a la coldre se perneit: Quant il est si laciez e pris E tuz entur le fust s'est mis, Ensemble poeent bien durer; Mes ki pues les vuelt deserver, La coldre muert hastivement E li chievrefoilz ensement. ‚Bele amie, si est de nus: Ne vus sanz mei ne jeo sanz vus!'* — ist zwar moderne Anschauung nicht ausgeschlossen; aber es scheint doch eher an die physische Erscheinung als eine Beseelung der beiden Pflanzen, an ihre Liebe zu einander gedacht zu sein. Immerhin ist das Gleichnis an sich anmutig, poetisch und vor allem am Platze.

Wie Crestien im Clig. 816 die weibliche Schönheit preist: *Qui pöist la façon descrivre Del nes bien feit et del cler vis, Ou la rose cuevre le lis, Einsi qu'un po le lis efface, Por miauz anluminer la face,* so sagt auch Adenet ähnlich von dem Antlitz der Clarmondine: *La rose forment se penoit De la flour de lis honnorer En son très douz viaire cler.* Cleom. 14379. Aber dann wird dieser Gedanke noch variiert und zu Tode gehetzt, indem die Liebe dieser beiden Blumen zu einander als ein Gebot der Natur hingestellt wird (bis v. 14397). Dadurch bekommt das an sich Poetische einen mystischen Beigeschmack.

Näher lag es, dem Baum Sehnsucht nach seinem schönsten Schmucke, der Blütenpracht, zuzuschreiben. Freilich finden wir auch diesen, eine feinere Empfindung verratenden Zug erst in späterer, höfischer Zeit. Adenet, Berte 3 sagt: *Et arbrissel desirent qu'il fussent parflori.* —

Wenn überhaupt dergleichen Beseelungen vorkommen, so finden sie, wie es auch aus den angeführten Beispielen ersichtlich ist, meistens nur innerhalb der Pflanzenwelt statt, die ja auch, nächst dem Tierreich, die meisten Analogieen zum menschlichen Wesen aufweist. In ältester Zeit wurde die den Pflanzen geliehene Seele zu mythischen Persönlichkeiten gemacht. Wenn sich darin aber ein wahres Naturgefühl aussprechen soll, so ist wieder die Beziehung zur menschlichen Geistes- und Empfindungswelt erforderlich. Die Pflanzen müssen menschliche Charaktere aufweisen. Wenn nun ein Dichter sagt: „Meine Geliebte ist eine Rose", so sollte man annehmen, dass ihn dazu eine ganz andere Vorstellung veranlasst habe, als wenn er sie eine „Lilie" nennt. Ohne Zweifel ist auch die Wahl der Pflanze ursprünglich durch eine volkstümliche Anschauung von ihrem Charakter, durch eine Beseelung in gewissem Grade bedingt. Auch die italienischen Blumenausrufe, die orientalische Blumensprache ist so zu erklären, wenn sie auch später zu einer leb- und geistlosen Form erkaltet sind. Es ist nur natürlich, dass bei einer Dichtung, an der sich ein ganzes Volk beteiligt, Berufene und Unberufene, man bald alle hemmenden Schranken fallen liess und ohne Wahl alles „Blühende, Grünende, Treibende" als Sinnbild der Geliebten verwertete (vgl. Schuchardt, Ritornell und Terzine S. 41).

Für das afz. Epos kann man die Beobachtung machen, dass die hierher gehörigen dichterischen Wendungen erst einer späteren Zeit, und zwar vorzugsweise den höfischen Kreisen angehören. Ursprünglich findet man typisch die Dame, für welche der Dichter Sympathie erwecken will, bezeichnet mit: *al vis cler, o le vis cler* u. ä. Aiol 944, 1401; Enf. Og. 2593, 4334, 7169 (einige weitere Beispiele finden sich in den angeführten Dissert. von Husse S. 69 und Günther S. 20, welch letzterer sie auf Perc. ² beschränkt). Das Rolandslied kennt nur *Alde la bele.* Dass wir aber meistens in den Epen einer Mischung jener ursprünglichen Formen, die gut zu der schlichten Sprache der ältesten Zeit passen, mit den üblichen Vergleichen der Trouvère-Dichtung begegnen, ist bei dem Verlust der Originaldichtungen erklärlich. Namentlich Aiol ist in dieser Hinsicht sehr lehrreich, aus dem wir schon mehrfach Vergleiche, wie sie sonst namentlich in der Lyrik und dem höfischen Epos zu finden sind, angeführt haben (vgl. Förster, Einl. zum Aiol XXXIV).

Aber auch bei Dichtern, wie Crestien, wird es uns nicht gelingen, eine gewisse Absicht in der Wahl der Pflanze nachzuweisen. Sie wollen ja nur die menschliche Schönheit feiern, und welche Blume gerade zum Vergleich herangezogen wird, darüber entscheidet persönlicher Geschmack und — Reim. Nur eine reflektierende Verstandespoesie kann sich auf Spitzfindigkeiten einlassen. Dazu nimmt sich das schlichte volkstümliche Epos keine Zeit, und der frz. Kunstroman entfaltet auf anderem Gebiete Pracht und Witz. Dagegen kam in dem früher angeführten Marienliede die Stelle vor: *Tu ies lis et violete Tous jors nette et pure* . . . . . Wenn auch etwas versteckt liegend, so scheint doch *violete* . . . . *pure* auf einen vom Dichter der Pflanze beigelegten Charakter (die Jungfräulichkeit) zu weisen. Dergleichen Züge sind dem Epos fremd. —

Also mit den Beseelungen der Natur, soweit uns das bisher behandelte Gleichnis Schlüsse zu machen erlaubt, ist es in der afz. Dichtung schwach bestellt. Nur dann erhebt sich der Vergleich zu einer gewissen poetischen Höhe, wenn er bei dem Sinnlichen bleibt. Ferner ist dabei eine Einseitigkeit in Form und Anwendung nicht zu verkennen. Vorzugsweise die Pflanzen- und Tierwelt wird in den Bereich der vergleichenden Phantasie gezogen, und meist nur für dieselben stets wiederkehrenden Situationen und Vorgänge. Endlich muss der unbefangene Beobachter gestehen, dass gewöhnlich gerade die schönsten poetischen Bilder, und zwar eben aus diesem Grunde, Gemeingut geworden sind und daher an ihrem Werte verlieren. Wie unangenehm berührt z. B. im Ren. das Festhalten und stete Wiederholen des Bildes von der erglühenden Kohle: *Si mua et rogi com charbons flamboiant* (Karl vor Zorn) Ren. 3,20. So auch 245,28; 256, 23; 17, 8; 119, 17; 148, 11; 160, 26 und gleich darauf 160, 35 von einem wunderbaren Farbenspiele in einem Zimmer gebraucht: *Illueques devint inde et perse com charbon.* Hier ermüdet es durch sein formelhaftes Auftreten, sonst finden wir es noch Buev. 2581. Daneben wird die Kohle im Ren. 146, 5 noch zu einem weiteren Bilde verwendet: *De mautalent et d'ire noircist comme charbon* (Unser „schwarz vor Aerger").

Selbst durch schablonenhafte Verwendung ganzer Phrasen wird man gestört: Im Gegensatz zu dem Sturm, Schnee und Hagel draussen, ist es in dem wunderlichen Schlosse Hugo's sehr angenehm: *Laenz fait tant requeit et soëf et serit Come en mai en estet quant soleilz esclarcist.* K. R. 377. Gegen den Vergleich ist wenig einzuwenden; aber wenn es dann v. 442 heisst: *Et li carboncles art, bien i poet hoen veïr Come en mai en estet quant soleilz esclarcist,* also eine buchstabengetreue Wiederholung in ganz anderem Sinne, dann dürfte man doch etwas misstrauisch gegen die dichterische Originalität des Verfassers werden. (Oder soll man dafür nur den Schreiber bezw. spätere Bearbeiter verantwortlich machen?)

Aehnlich glaubten wir früher die Eintönigkeit in den Beiwörtern bei den afz. Dichtern rügen zu müssen; aber nicht in den gleichen Zusammenhang wollen wir jene stereotypen Vergleiche der Helden mit dem Löwen, dem Eber u. a. bringen. Wir können in deren ausschliesslichen Anwendung keinen Fehler oder auch nur eine Schwäche sehen. Man braucht garnicht den Homer zur Verteidigung heranzuziehen, der auch immer wieder von der „lilienarmigen Here", der „silberfüssigen Thetis", der „rosenfingrigen Eos", von „Zeus blauäugiger Tochter Athene" u. s. w. spricht. Diese Beiwörter drücken eben mehr als jedes andere die Eigenart des betreffenden Wesens aus, welches sich dadurch von Anderen am merklichsten unterscheidet. Sie werden fast Eigennamen, und der Dichter nimmt ebenso wenig Anstoss, sie beständig zu wiederholen, wie er es bei jenen vermeiden kann. Es ist wahr, die Natur bietet so zahllose Erscheinungsformen, so unendlich viele Analogiebildungen, dass die menschliche Phantasie kaum auf eine einzelne Erscheinung beschränkt zu sein braucht, wenn sie nach einem Vergleiche umschaut. Sicher ist auch, dass wir bei jedem phantasiebegabten Dichter eigene Bilder finden, die wir niemals anderwärts gebraucht wissen und die uns trotzdem so bekannt anmuten, als wären sie unser eigenes Produkt; es ist eben auch eine Eigenart des wahrhaft Schönen und Wahren, dass es leicht verständlich ist. Giebt es denn aber Eigenschaften, welche wir in höherem Grade bei einem Helden erwarten, als Mut, Kraft, Stolz und Edelsinn? Steht ferner irgend ein Wesen dem Menschen näher als das Tier, und zeigt innerhalb dieser Gattung nicht ausschliesslich der Charakter des Löwen jene Vorzüge vereint? Wenn also in dem Epos naturgemäss immer wieder der Ruhm der Helden gesungen wird, kann ein anderer und treffenderer Vergleich für sie gewählt werden als der mit dem Löwen? In gleicher Weise lässt sich das ständige Bild der Blumen und unter ihnen der Königin, der Rose, für die schöne Frau verteidigen.

Endlich darf man den Umstand nicht aus dem Auge lassen, dass wir meist nur Bearbeitungen späterer Zeit kennen; und es ist natürlich, dass Reimer, wie Adenés li Rois, welcher sicher noch zu den bessten gehörte, bei ihrem gewerbsmässigen Umformen älterer Werke eines bestimmten Handwerkzeugs, einer Anzahl von poetischen Wendungen und Vergleichen bedurften. Man vgl. z. B. die Umschreibungen für die Negation, welche für alle Reime ein willkommenes und billiges Material boten. Da „grünt, blüht und treibt“ es auch, aber ohne Berechtigung. So wird der glückliche Ausgang einer Schlacht dadurch bezeichnet: *Que n'i orent perdu vaillant une cerise,* Buev. 1683, ebenso 2831.

Sinnloser noch werden alle möglichen Blätter, Zweige, Früchte etc. genannt. Gerars schlägt mit einem Stocke auf eine Schlange ein: *Mais tant a dure pel, Damediex la cravante, Qu'il ne li grieve pas une fueille de mente,* Buev. 790.

Scheler stellt in der Anm. 321 zu den Enf. Og. solche Umschreibungen zusammen; wir finden dort: *une feuille d'iere* 5439; *le raim d'un olivier* 5783; *une chastaigne* 5640; *la plume d'un poucin* 5954; *la keue d'un mastin etc.*

Auch Berte zeigt Gleiches: *A cest n'en savons la montance d'un glai,* 1390, sagen die Töchter der Constance, als sie Berte mit Gold und Seide sticken sehen. Der König Pepin bittet Berte um ihre Liebe und verspricht ihr alle Schätze Frankreichs, aber: *Tout ce ne prise Berte une feuille de mente,* v. 2685.

2. Kapitel.

Verkehr der Altfranzosen mit der Natur.

Nachdem wir im Vorigen untersuchten, wie das Naturgefühl in den poetischen Sprachbildern zum Ausdruck gelangt, und erkannten, dass auch den Altfranzosen jenes Gefühl der Verwandtschaft des menschlichen Geistes mit der ganzen Natur nicht verschlossen war, dass auch für sie Tiere, Pflanzen, Gestirne, lebende und leblose Wesen einen gemeinsamen Stempel tragen, welcher ihre Zusammengehörigkeit bekundet, legen wir uns die Frage vor: Wie verkehrten die Altfranzosen mit der Natur? Indem wir daraufhin die Zeugnisse der Dichter prüfen, werden wir eine Erklärung finden für das Mass und die Grenzen ihrer Naturliebe.

Die ersten und gewöhnlichsten Erscheinungen, welche die Natur uns zur Beobachtung darbietet, die bestimmend auf unser ganzes Leben einwirken, sind die Vorgänge am Himmel, zunächst dir Tageszeiten. Welche Fülle von Poesie liegt in den Bildern, unter denen sie seit den ältesten Zeiten dargestellt worden sind. Wir brauchen kaum an Homers „rosenfing'rige Eos“: „Als aufdämmernd nun Eos mit Rosenfingern erwachte;“ „Eos im Safrangewande Okeanos Fluten entsteigend, Hub sich, Göttern das Licht und sterblichen Menschen zu bringen;“ und: „Aber nachdem sich gesenkt des Helios leuchtende Fackel . . . . etc.“, an die altgermanische Vorstellung zu erinnern, nach welcher die aufgehende und sinkende Sonne sich durch ein Rauschen oder Tönen verkündet, an das moderne Bild, nach welchem der Tag als ein schöner Knabe aus den Wolken springt, an Goethe's herrliche Worte, die mit unwiderstehlicher Gewalt ein anschauliches Bild vor unsere Seele zaubern: „Der Morgen kam; es scheuchten seine Tritte den leisen Schlaf, der mich gelind umfing . . . .“

Was sagten nun die Altfranzosen?

In K. R. 239 heisst es: *Al matin par son l'albe**) *quant li jorz lor apert,* und buchstabengetreu wiederholt v. 248. *Par main en l'albe, si cum li jurz esclairet,* Rol. 667, ähnlich v. 2845. *Dessi a l'endemain que l'aube est esclairie* ist stehende Redensart im Aiol, mit geringen Variationen wie: *l'endemain al ior cler par son l'aube esclairie* 10856 oder *Dusc'al demain al ior que l'aube est esclairie*

---

*) Grimm, Andreas u. Elene XXX, fand hierin noch die heidnische Vorstellung, nach welcher der Tag rauschend naht. Er übersetzt par son l'aube mit per sonitum albae und stellt damit das ags. dægrêdwôma zusammen. Danach könnte man auch bei l'aube fu crevee an die ursprüngliche Bedeutung von crepare denken. Für die Wissenschaft bestehen diese Bilder nicht. Par son (summum) ist eine einfache Präposition = „über . . . . hinaus“; crever heisst „bersten, brechen, durchbohren“.

10964. Gleichartiges finden wir anderwärts: *Desi à l'endemain que l'aube est esclarcie,* Ren. 29,31; ferner: *Au matinet quant clers parut li jors,* Amis 858; 3284 oder *clere parut l'aube*2169; *que jors fu esclarcis,* Ren. 51, 4; ähnlich Ren. 53, 23. *Ce fu par .I. matin que l'aube fu crevée,* Ren. 14, 4; auch *cum l'aloe chanta* als Bezeichnung für den Morgen, Ren. 29, 10.

Für den sinkenden Tag findet sich öfters: *Passet li jurz, si turnet à la vesprée,* Rol. 3560, oder: *Vespres aproche, li solaus dut cliner,* Amis 579.

Auch Crestien erhebt sich nicht über diese einfachen Wendungen: *Quant vint que l'aube fu crevee,* Chev. 4920. *Que li jorz aloit declinant,* Chev. 5103; Perc. 1826. *Quant esconsé vit le soloil,* Clig. 4875. *Au main quant l'aube est esclairie,* Erec 1420 oder *quant il fu aiorné,* Erec 5634. *Faut ke li jors cler aparut,* Perc. 1828. *Au matin, au cant des oisiaus,* Perc. 1829.

Adenet ebensowenig: *Devant l'aube aparant, ains qu'il fust ajorné,* Berte 409; à *une aube esclairie,* Berte 1718; *A l'endemain, après l'aube esclairie,* Enf. Og. 3256 oder *quant li aube creva,* ib. 4630. *Après souper, ains que jours fust finés,* ib. 7287.

Berücksichtigt man noch Folgendes: *Un main que solaus fu levez,* Jourd. 2962; *Li soliaz commence a haucier,* Durm. 6807; *Quant il voit le soleil baissier,* Durm. 3745; *Quant li jors pert al matinet,* Part. 7389; *Quant li solaus doit prendre fin,* ib. 8261; *Par matin, al solel levant, Que ses rais par le mont espant,* Part. 10122. so sind damit ziemlich die Ausdrücke erschöpft, mit denen die Dichter den Anbruch oder das Scheiden des Tages zu bezeichnen pflegen.

Diese Wendungen lassen erkennen, dass nur ein einfaches Beobachten der Vorgänge am Himmel stattfand, ohne dass dadurch die Phantasie der Dichter irgendwie angeregt worden wäre. Und doch verhält sich das Gemüt ungleich den ungleichen Lichtverhältnissen gegenüber. Partonopeus hat sich verirrt; in grossem Kummer verbrachte er die Nacht in dem finsteren Walde, aber: — *quant il vit l'aube aparoir De repairier a grant espoir,* Part. 663.

Man liebt den Morgen mit seiner milden Luft, dem Tau auf Gras und Blüte, dem munteren Vogelsang. Das eben citierte Gedicht, welches überhaupt ein reiches dichterisches Gemüt durchzieht, klingt harmonisch mit einer Morgenschilderung aus: Die dreifache Hochzeitsfeier ist beschlossen. Nach stattlichem Mahle und gesellschaftlichen Belustigungen gehen alle zur Ruhe: *Par matin, al aube esclarcie, Li airs fu purs, l'aure serie: L'aloète vole en cantant, Son sa nature Deu loant; Et fu moult grande la rousée Sor les erbes verdes montée. Li praière crie en volant, Ses piès contreval estendant; Cante li quaille par ces blés Bien samble tans renovelés: Cascuns oiseaus, nes la cronière, Fait cant u crie en se manière; Moult par en est li tans seris, Par bruelles et par plaiséis. Par les grans tors de la cité, Por hautece et por dignité, As plus haus sains sone l'on prime; Tote la cis en tramble et frime Tuit s'esvellent communalment; Del rendormir n'i ot ment.* Part. 10576 ff.

Ohne die oben angeführten gewöhnlichen Züge besitzt eine andere Morgenschilderung einen vielleicht noch höheren dichterischen

Wert: Durmart hat mit seinen Begleitern, der Jungfrau und deren Ritter, die Nacht im Freien zugebracht. Erstere erhebt sich *ancois que l'albe soit crevee,* schürzt sich die Kleider *por la rosee* und findet Durmart schlafend: *Molt le vit bel en son dormant; Car contre la lune luisant Pot bien sa facon remirer.* Durm. 2269.

So ergiebt sich aus diesen Zügen ein anschauliches Bild von dem frühen Morgen, dessen künstlerischer Wert darin liegt, dass statt der sonst üblichen Beschreibung des Nebeneinanderbefindlichen episch verfahren wird, wir sehen Handlungen. Man könnte an Lessing denken. —

Dem Sinken des Tages wird dann mit Schrecken entgegengesehen, wenn dadurch die Lage des Helden verschlimmert wird, wenn er sich ohne Zufluchtsort für die Nacht befindet. Natürlich wird gleichzeitig das Interesse für ihn gesteigert. So ergeht es Aiol: *Li gentiex chevaliers toute ior chevauca, Vit le vespre aprochier, et li iors declina, Le soleil abaissier, vers l'esconser torna. Bien et cortoisement damelde reclama, Que boin ostel li doinst, car grant mestier en a.* Aiol 5699.

Oder Berte weilt hülflos in dem von wilden Tieren bewohnten Walde. Ihre Lage wird immer schrecklicher; denn: *Li jours va à declin, si aprocha la nuit; Quant ce voit la roïne, ou parfont bois s'enfuit.* Berte 904. In welcher seelischen Stimmung muss sie die Nacht zubringen: *Ha nuis, com serez longue, moult vous doi ressongnier,* Berte 961.

Im Chev. au lyon ergeht es einer Jungfrau ähnlich: *Si pooit estre an grant esmai Pucele au bois et sanz conduit Par mal tans et par noire nuit, Si noire, qu'ele ne veoit Le cheval, sor qu'ele seoit.* Chev. 4840. Sie betet in ihrer Herzensangst zu Gott, der Jungfrau und allen Heiligen, vgl. noch Chev. as .II. esp. 646.

Für gewöhnlich ist jedoch nur die finstere Nacht, welche von keinem Mond- und Sternenlicht erhellt wird, ein Gegenstand des Schreckens.

Dann versucht auch der Verrat seine hinterlistigen Pläne auszuführen. Der Verräter Engrés nnd seine Mannen beabsichtigen einen Ueberfall; die finstere Nacht scheint ihnen günstig: *Cele nuit estoile ne lune N'orent el ciel lor rais mostrez.* Clig. 1698; und wenn der Dichter fortfährt: *Meis ainz qu'il venissent as trez, Comança la lune a lever, Et je cuit que por aus grever Leva ainz qu'ele ne soloit,* so könnte man an eine Sympathie der Natur (des Mondes) für Recht und edles Rittertum glauben; aber die ungewöhnliche Naturerscheinung wird uns durch Gottes Vermittelung erklärt, welcher die Verräter und ihr finsteres Werk hasst; daher: — *comanda la lune a luire Por ce qu'ele lor deüst nuire.* Clig. 1711.

Für die Schönheit der milden, mondscheinerleuchteten Nacht ist man höcht empfänglich. Nach dem grossen Siege über die Heiden und der Einnahme Roms begleiten die Helden Tierris, Namles und Ogier Karl zur wohlverdienten Ruhe. Der Dichter fügt hinzu: *Mult fu la nuis clere et douce et soués, Et li airs purs et doucement temprés.* Enf. Og. 7294.

Es spricht sich darin die Befriedigung nach Vollendung eines grossen Werkes aus. Die Heiterkeit der Natur stimmt gut zu den friedlichen, der Versöhnung geneigten Seelen. Sonst lassen sich wenigstens beide Sarazenen taufen; dies geschieht hier nicht, sondern der Dichter bittet sogar noch, dass, falls sie sich nicht später zum wahren Gott bekehrt haben, dieser ihnen gnädig sein möge; denn sie hätten es durch ihren ritterlichen Wert verdient. vgl. v. 7644 ff. Dieser versöhnliche Zug, welcher in dem ritterlichen Verhalten zwischen Carahuel, Ogier und Karl zu bemerken ist, scheint so auch einen äusseren Ausdruck in der Natur zu finden. Wenigstens hat der Dichter das Bedürfnis, vielleicht unbewusst, auch bei seinen Zuhörern das Gefühl der Heiterkeit und Ruhe durch eine solche Einschiebung zu erwecken.

Darf man dies schon auf das Rolandslied anwenden? An dem Kampfe scheint dort auch die Natur teilzunehmen; denn währeud desselben: *Granz est li calz, si se lievet la puldre,* Rol. 3633; aber als die Schlacht gewonnen ist: *Passet li jurz, la noit est aserie, Clere est la lune, les estoiles flambient.* v. 3658.

Nachdem Roland durch Karl gerächt ist, und das grosse Morden ein Ende hat, lassen die Helden ihre Pferde in den Wiesen das frische Gras weiden; sie selbst aber sinken müde zur Erde und schlafen bald ein. Wachen brauchen in jener Nacht nicht ausgestellt zu werden (2499 ff.) Wer sollte sie noch stören, die Feinde decken als Leichen das Feld; und: *Clere est la noit et la lune luisant* 2512.

Ein Bild tiefsten Friedens! Aber auch zum Folgenden steht der Vers in wirksamem Gegensatz. Die Natur draussen ist friedlich still, doch in Karl's Herzen brennt der Schmerz um Roland, Olivier, die edlen Pairs und all die wackeren Franzosen, welche Blut und Leben im Ronceval liessen. Oder sollen es nur leere Worte sein?

Was wir im ersten Kapitel schon im Allgemeinen nachgewiesen haben, das können wir auch bei dieser Gelegenheit wieder bestätigen. Aus den Beiwörtern, die man der Nacht giebt, kann man Nichts von besonderer poetischer Anschauung herauslesen. Ausser den, unseren Beispielen zu entnehmenden, finden sich etwa noch: *de douce temprison.* Enf. Og. 6904; *bele et plaisans.* Cléom. 1315; *soes et serie* Part. 697; aber das hauptsächliche Beiwort bleibt *clere* und selten wird des leuchtenden Mondes vergessen. Seine *grant clarté* wird oft gepriesen, und möglichste Helle liebt man auch in der Nacht: *Un petitet ains qu'il fust ajourné, Luisoit la lune et getoit grant clarté, Si faisoit bel, ce sachiez par verté, K'en l'air n'avoit nesun point d'oscurté.* Enf. Og. 1609. vgl. auch Part. 5807.

Der Mond ist durchaus ein dem Menschen freundliches Gestirn. Er ist den Fliehenden ein willkommener Führer, vgl. Aiol 7396 oder Erec 4900: *Par nuit s'en vont grant aleure; Et ce lor fait grant soatume Que la lune cler lor alume.*

Liebende finden sich schon gern beim sanften Mondlicht: *Les nuiz quant la lune luiseit E sis sire culchiez esteit, De juste lui sovent levot* (die Dame, um ihren Freund zu sehen) M. de Fr. Laustic 69; oder in einer Pastourelle heisst es: *Entre moi et mon ami En un bois k'est les Betune Alammes juant mardi toute la nuit a la lune.* Bartsch I, 31.

Wie man sich bei Nacht der süssen Luft und des Mondlichtes erfreute, so liebte man auch einen schönen, klaren, sonnenerhellten Tag, und wir finden ihn in der Dichtung meist so geschildert, wenn er, der Situation entsprechend, besonders willkommen ist. Karl empfängt die zehn Gesandten und beherbergt sie zur Nacht im grossen vergier. Wir hörten aber auch vorher: *Bels fut li vespres e li soleilz fut clers.* Rol. 157.

In der Regel wird der sonnenhelle Tag erwähnt, wenn ein grosses Heer geschildert wird, damit durch das Leuchten der Waffen der glänzende Eindruck erhöht wird: Nach der Beschreibung des Sarazenenheeres, der Rüstungen und Waffen, heisst es: *Clers fut li jurz, e bels fut li soleilz, N'unt guarnement que tut ne reflambeit.* Rol. 1003. vgl. noch Rol. 3345.

Roland, zu Tode verwundet, stösst gewaltig ins Horn. Karl und seine Mannen hören es: *Esclargiez est li vespres e li jurz; Contre l' soleill reluisent cil adub, Osberc e helme i getent grant flambur, E cil escut ki bien sunt peint à flurs, E cil espiet, cil orct gunfanun,* v. 1807 ff.

Wie uns das Heer der Sarazenen unter gleicher Beleuchtung Schrecken eingeflösst hat, so befriedigt uns jetzt die Herrlichkeit der Streitmacht Karl's; wir wissen, die Verräter werden ihren Lohn empfangen. vgl. Clig. 1261.

Natürlich darf auch bei Festen und Wettkämpfen der helle Sonnenschein nicht fehlen; gern wird auch hier der Glanz der Versammlung, das Leuchten der Waffen geschildert: *Illuec vit on le ior lacier, Maint hiaume d'or et maint d'acier, Tant vert hiaume et tant vermeil reluire contre le soleil* .... Erec 2137. vgl. ferner Durm. 6836; 8435; 13571; Part. 9695.

Das grosse Fest, mit dem der Roman von Cléomedès abschliesst, wird durch einen schönen Tag verherrlicht: *Li jours fu biaus et clers et gens, Et li airs temprés à nature. Ne fist trop chaut ne trop froidure* .... Cléom. 17412.

Aber der schöne, helle Tag kann auch in einem dramatischen Gegensatze zu der Stimmung oder der schwarzen, verräterischen Handlung, die sich an ihm vollzieht, stehen. So im Jourdain. Die wackere Eremborc hat ihr Kind für Jourdain ausgeliefert, und am folgenden Tage soll es vom Verräter Fromont getötet werden. In welcher Herzensangst sehen Tausende dem fürchterlichen Augenblick entgegen: *Va s'an la nuis, li jors fu biaus et clers.* v. 678. Wie schrecklich sticht von diesem hellen Hintergrunde die schwarze Greuelthat ab. Der Dichter empfindet wohl, dass er die aufgeregten Gemüter seiner Zuhörer beruhigen muss; denn er erzählt weiter, dass, als die Zeugen der grässlichen Bluthat aus einer Ohnmacht erwachten, sie den Himmel sich öffnen sahen; Engel schwebten daher, welche die Seele des Knaben zum Herrn trugen, und dieser wies ihr einen Sitz im Paradiese an: *Moult bien doit iestre sauve.* Jourd. 708.

Es ist an sich so natürlich, dass man einen freundlichen, sonnenerhellten Tag finsterem, stürmischem, regnerischem Wetter vorzieht, diese Vorliebe wird durch so äussere. von der sonstigen

Zuneigung zur Natur entfernte Gründe bedingt, dass wir nicht unterlassen dürfen. noch besonders auf ihre Bedeutung für unseren Zweck hinzuweisen. Es ist etwas anderes, auszusprechen, dass man einen schönen, heiteren Tag einer finsteren, sturmdurchpeitschten. regnerischen Nacht vorzieht, und bestimmte Wetterangaben einer Dichtung an passenden Stellen einzureihen. Sobald dies geschieht, bekundet der Dichter, dass er sich des innigen Zusammenhanges, in welchem die Natur mit allem menschlichen Thun und Wollen steht, bewusst ist. Shakspere lässt beim sanften Mondesschein, wenn in der Nacht „die linde Luft die Bäume lieblich küsst," die Nachtigal ihr süsses Lied im nahen Granatbaume anstimmt, Liebende die Schwüre der Treue tauschen; andererseits wird die Verschwörung gegen Caesar in der entsetzlichsten Gewitternacht angezettelt, einer Schreckensnacht, ganz ähnlich dem Manne, dessen Tod beim grellen Blitz und prasselnden Donnerschlag beschlossen wird. Wenn nun ein epischer Sänger in seine Erzählung Wetterbeschreibungen einreiht, so wird nicht nur der Schein der Wahrheit für die vorgetragenen Begebenheiten erhöht, und damit dem Hörer ermöglicht, sich lebendiger in die Situation hineinzufühlen, sondern es wird auch umgekehrt dadurch dem Erzählten ein ganz besonderer Charakter, eine heitere oder düstere Stimmung, je nach den begleitenden Naturerscheinungen aufgedrückt.

Willkommen ist ein heller, kühler, staubfreier Tag für den Kampf. Man kann aus folgender Schilderung schon den glücklichen Ausgang der Schlacht herauslesen: *Biaus fu li jours si com el tans d'esté, Et li airs frois et sans point d'oscurté; La nuit devant ot pleü et venté; Tans de combatre out tout à volente, Car sans pourriere pueent estre ajousté, D'escus, de hiaumes resplendist la clarté, D'espiez, de lances i ot si grant plenté K'ainc ne veïstes vergié si dru planté.* Enf. Og. 5251.

Die darauf folgende Schlachtschilderung wird mehrmals noch durch gleichartige Hinweise auf das Wetter und die glänzende Streitmacht unterbrochen. (5317; 5690; 5847). vgl. ferner Enf. Og. 4818, Buev. 288.

Eine weitere Uebereinstimmung zwischen dem hellen, schönen Tage und dem Charakter des Erzählten ist zu bemerken Berte 2675. Buev. 1703. Cléom. 4553. 14653.

Andererseits beeinträchtigt natürlich trübes Wetter die gute Stimmung, und Aiol hebt deshalb ein Lied an, um seine Begleiter aufzuheitern: *Or chevauca Aiols; li troi baron gentil Et li .III. escuier, a ces furent il sis. Une pleuete chiet, si faisoit mout seri*) Aiols canta .I. son por eus a esbaudir.* Aiol 4686.

Adenet bringt oft das Wetter in Uebereinstimmung mit dem Seelenzustande der Berte und der ganzen Situation: *Cel jour fist moult lait tans et de froide maniere. Et Berte gist à dens par descur la bruiere; Paour a de Tybert que il sor li ne fiere, Nostre dame reclaime, la dame droituriere.* Berte 607.

---

*) seri hier vom unfreundlichen Wetter. vgl. Förster Anm.

Dann ist sie hülfslos im Walde: *Il plut et espart* 638; *Il esclaire forment et roidement tonna, Et pluet menuement et gresille et venta, C'est hideus tans à dame qui conpaignie n'a.* 706, und so beginnen mehrmals Laissen mit dem Hinweis auf das hässliche Wetter (vgl. 868, 881, 1009), während nachher, als Berte der Gefahr entronnen ist und z. B. von Pepin vor der Kapelle gefunden wird, wieder heller Sonnenschein ist: *Li jours fu biaus et clers, qu'il ne pluet ne ne vente.* v. 2675.

Es nimmt sich auch wie ein Anteil der Natur aus, wenn der Dichter von der Ergreifung jener herzlosen Alten spricht, die alles Leid über Berte gebracht hat, und hinzufügt: *Cel jour fist moult lait tans de tonnoire et d'escliste.* Berte 2217.

Kraftvoll schildert Crestien einmal ein furchtbares Gewitter, welches allerdings durch einen Zauber herbeigeführt wird: *Que lors vi le ciel si derot, Que de plus de .XIII. pars Me feroit es ialz li esparz, Et les nues tot mesle mesle Gitoient pluie, noif et gresle; Tant fu li tans pesmes et forz, Que cent foiz cuidai estre morz Des foudres, qu'antor moi cheoient Et des arbres, qui peceoient.* Chev. 438.

Nach einem solchen Aufruhr der Natur fühlt auch ein sonst unerschütterlicher Recke, welches Gefühl der Sicherheit, und damit der Freude, eine reine und klare Luft giebt: *Et quant je vi l'air cler et pur, De joie fui toz asseur.* Chev. 453.

Auch für Berte hat endlich die Qual ein Ende; denn: *Devant la mienuit li tans un poi s'escure Et la lune est levée et bele et clere et pure, Et li vens est cheüs et li tans s'asseüre; Il laissa le plouvoir, s'amenrie la froidure.* Berte 1020.

Wir sehen also, dass auch das Wetter im afz. Epos eine nicht unbedeutende und berechtigte Rolle spielt. Es breitet über die erzählte Begebenheit eine eigene Stimmung aus, wie die Beleuchtung über ein Gemälde, es dient der Erzählung als angemessener Hintergrund, zuweilen muss auch eine Naturerscheinung hülfreich in den Verlauf der Erzählung eingreifen. So wird geschickt das Ende des grossen Festmahls im Durmart herbeigeführt: *Une grande noire nuee Commenca le jor a torbler, Et si fist semblant de toner. Li rois que l'on tenoit a sage Ne vot pas atendre l'orage, A sa gent dist: „Tost en alons, En nostre cite nos metons.“* Durm. 1052.

Buev. 3740 sagt der Verfasser: *Moult fu cele ajournée clere et plaisans et bele,* aber er fügt später hinzu: *Mais un petit de chose i avoie oublié, De quoi Sarrazin furent decut et avuglé, Car tout droit à ce point qu'il lor fu ajorné, Leva une bruïne tout contreval le pré.* Buev. 3807. Deshalb halten die Heiden 5 Ritter für 1000 (!) und fliehen. —

Da die Naturerscheinungen, von denen bisher die Rede war, zu gewaltig auf das physische und psychische Leben des Menschen einwirken, als dass er sich ihrem bestimmenden Einflusse entziehen könnte, so kam es nur darauf an, ihre poetische Verwertung im afz. Epos zu beleuchten. Nicht ohne Weiteres wird man dagegen bei den kriegerischen Altfranzosen ein lebendigeres Interesse an der Blumen- nnd Vogelwelt voraussetzen dürfen. Zwar gilt dies kaum für die lyrische Dichtung, auf die wir zunächst einen Blick werfen wollen; denn sobald von Liebe gesungen wird, fehlt selten Blumenduft und Vogelsang. Kein Volk und keine Zeit empfand darin anders. Darum begegnen wir auch, namentlich in den Romanzen und Pastourellen, unzählige Male Damen und Mädchen, welche auf der Wiese Blumen pflücken oder Kränze winden: Bartsch I 36; 46, 2; 56, 52; II 2; 10; 69, 7; 96, 6; 99; III 29.

Wenn I. 38 vielleicht noch einer Dichterin zuzuschreiben ist, welche zu diesem Zwecke hinauszieht (vgl. Anm. v. Bartsch): *por oblier ma dolor Et por alegier M'en alai coillir la flor De joste un vergier,* so zeigt doch I 53 b, dass selbst Männer nicht verschmähen, sich dieser zarten Beschäftigung hinzugeben: *L'autrier jouer m'en alai Par un destor, En un jardin m'en entrai Por cueillir la flor* vgl. auch I 73; II 106.

Der aus den Blumen gewundene Kranz wird dann dem geliebten Wesen als Geschenk dargebracht. II 56, 25 singt ein Mädchen von ihrem Freunde: *qui hui matin an la verdure Me fist si biau chaipelet,* oder man fordert ihn als Liebesbeweis: *Mes amis mignos Qui m'a en sa baillie, Deust ore flors cueillir Et un chapelet bastir, A mes biaus cheveus tenir: S'en fusse plus jolie.* II 102, 8. Daher wird er auch oft ein Gegenstand der Eifersucht. So klagt ein Mädchen Bartsch II 7, 19: *Robins d'autrui ke de mi Prist chapel de glai.*

Gleich oft erzählt der lyrische Sänger, dass er ins Freie trat, um dem lustigen Sange der Vögel zu lauschen: *Ce fu en tres douz tans de mai Que de cuer gai Vont cil oiseillon chantant, En un vergier pour lour chant Oir m'en entrai ...* Bartsch I 29, vgl. 30a; II 2.

Warum sind sie so freudig? Weil die süsse Zeit des Frühlings naht: *Cil oisiel grant joie funt Por la docor del tens novel,* Bartsch I 46, 3. vgl. II 15; 79, 8; 98 etc. Ja, sie loben ihren Schöpfer deswegen: *L'aluete a point dou jor Chante et loie son signor Por la dousour Dou tans novel.* Bartsch I 30a.

Und so erweckt die Freude der kleinen Geschöpfe ein gleiches Gefühl in des Sängers Brust: *Dou douz chant des oiselons Li cuers m'esprent.* Bartsch I 52 vgl. 70,4.

Aber dabei bleibt die rege menschliche Phantasie nicht stehen; sie deutet sich den Vogelsang nach ihrem Belieben. Gewöhnlich fordert er zur Liebe auf, und zwar vor allem die Nachtigall: *Li rosignox m'i semont Que j'aime loiaument.* Bartsch I. 52; vgl. I, 13; I 71, 28; II 62, 78. oder zum Singen: *Roisignor cui io*) chanteir En la verdure leis la flor Me fait mon chant renovelleir.* Wackern. 30.

Die Nachtigall gilt als weise; sie kennt genau das Wesen der Liebe: *il dist c'amours par faus amans perist* Bartsch 71; sie erteilt Ratschläge, übernimmt Botschaften an die geliebte Person, kurz Motive, die sich in jeder Volkspoesie bis heute erhalten haben. (vgl. Haupt-Tobler, l. c. S. 75, 86, 103, 105 und 8, 13, 35, 59, 74, 108, 131, 145 ....) Uhland hat die wesentlichen Punkte in seiner trefflichen Abhandlung Germ. III S. 129 ff. oder später l. c. S. 95 ff. erörtert.

Neben den einfachen Nachahmungen der Vogelstimmen in lyrischen Gedichten, sucht man ihnen auch einen bestimmten Sinn

---

*) lies: ioi = j'oi

unterzulegen z. B. *l'aloue chanta ke dit „alons an“* Bartsch 31, wobei ganz seltsame Deutungen vorkommen: *Mout a mon cuer esjoi Li louseignols qu'ai oi, Que chantant Dit „fier, fier, oci oci Ceus par cui sunt esbahi Fin amant etc.* Bartsch 66. (vgl. Hist. litt. XXII 345, bei Uhland, l. c, Anm. 196 f.)

Am tiefsten ist die Wirkung des Vogelsanges in einem Liede bei Wackernagel (15) empfunden, wo er die Sehnsucht nach der Heimat weckt: *Les oxeles de mon paix Ai oïs en Bretaigne; A lors chans m'est il bien avis, K'en la douce Champaigne Les oï iadis; Se g'i ai mespris, Il m'ont en si douls penseir mis, K'a chanson faire m'en seux pris, Tant ke ie perataigne Ceu k'amors m'ait lonc tens promis.*

Minder sollte man nun erwarten, dass auch auf jene kampfesdurstigen Recken, welche es als eine empfindliche Schande betrachteten, um einer Dame willen vom Ritterleben abzulassen, und welche, um diesem Vorwurfe zu entgehen, selbst ihrer Liebe entsagten, wie Yvain, oder sich wenigstens die grössten Entbehrungen auferlegten, wie Erec, die Natur in ihrer milden, zarten Schönheit, die sich im Blumenduft und Vogelsang offenbart, ihren vollen Zauber ausgeübt habe. Die älteste Zeit freilich lässt dies nicht erkennen. Die Frau spielt nur eine ganz bescheidene Rolle; es war also keine Gelegenheit zu einem Minnespiel gegeben, wie wir es vorher in den Blumenspenden kennen lernten. Auch das Rolandslied verschmäht dergleichen lyrische Regungen. Ueber dieser ganzen Dichtung waltet der Ernst, die Würde eines alten Kriegers, und über den ruhigeren Scenen schwebt eine feierliche Stimmung, wie vor Ausbruch einer Schlacht. Nur ganz schüchtern wagt sich einmal, wie wir sahen, ein Vergleich mit der weissen Blüte hervor, aber auch nur zu ernstem Zwecke, um die Würde des Alters in dem weissen Schmuck seines Bartes zu schildern. Wie aber in den späteren Vertretern der Chanson de geste dem Weibe schon eine grössere Rolle eingeräumt wird, so offenbart sich auch immer mehr die Liebe zur schönen Natur. Die Helden jener Zeit zeigen in ihrem Charakter merkwürdige Gegensätze. Auf der einen Seite der starke Held, der vor keiner Gefahr zurückschreckt und alle Hindernisse überwindet, andererseits der schwache Mensch, der hülflos den Erschütterungen seiner Seele unterliegt. Mit übermenschlicher Kraft die grösste Zartheit des Gemütes gepaart! Unsere Helden weinen (wie Amis und Amiles beim Abschied), fallen in Ohnmacht, kurz, zeigen ganz den Charakter eines Naturvolkes, das nicht vermag, durch geistige Ueberlegenheit den Aufruhr des Gemütes zu besiegen.

Und so hat ihr Herz auch Raum für die Einflüsse der Blumen- und Vogelwelt. Dass man die Blumen von jeher liebte, verraten nicht nur die früher betrachteten Vergleiche, sondern es geht auch aus dem Umstande hervor, dass sie bei keinem Fest als Schmuck fehlen durften. Man zierte damit die Säle und streute sie bei feierlichen Einholungen und Festzügen auf die Strassen. vgl. Berte 3272; Erec 2354; Durm. 940 ff., 15388; Ren. 21, 32; Perc. 1868, 69.

Die Blumen als beliebtes Geschenk benutzt der Thürhüter als eine List, um Floire zu seiner Geliebten gelangen zu lassen. Fl. 2031 ff.: *Qu'as demoiseles de la tor, Volra present faire au tiers jor. De flors assez a fait cuellir Et corbeilles grandes emplir.*

Wenn dann die Helden zum Kampfe zogen, so wurden sie sogar öfters von den Damen mit den bunten Kindern der Flur geschmückt, z. B. Durmars von zehn Jungfrauen *de vermelles roses molt beles* v. 8303. Und nicht allein wird die Liebe zum Blumenpflücken in den Romanen erwähnt: Rosamonde pflegt durch ein Hinterpförtchen in den Garten zu gehen, *Quant vient el mois de mai, por colir la florete.* Elie 1407, sondern man findet auch in dem höfischen Epos jene Situationen, wie sie uns typisch die Lyrik bietet: Limbanor lässt sich nach einem Spazierritt mit seiner Dame Malatrie im Grünen nieder und: *Un chapel de floretes vont entre aus deus faisant.* Bucv. 2427.

Endlich begleiten die Blumen den Menschen in die Gruft vgl. Clig. 6115: Zwar weiss Jehan, dass Fenice lebt: *Et por ce que socf li oelle Espandi sus et flor et fuelle,* aber der treue Diener hätte wohl etwas Auffälliges vor allen Dingen vermieden, um keinen Verdacht zu erregen. Im Alexius allerdings heisst es bloss: *D'or et de gemmes fut li sarcons parez* 118a.

Blumen sind auch ein Zeichen des Friedens und der Freundschaft: Die Aimonskinder reiten zu Karl um die Versöhnung herbeizuführen, 170, 35: *rosses ès mains et flors par amistié.* —

Ebenso spielt auch der Vogelsang im Epos eine bedeutende Rolle. Kaum dürfte hier noch ein neuer Zug zu finden sein, den wir hier nicht schon bei seiner Verwendung in der Lyrik erwähnt hätten; nur dass bei dem grösseren Raume, der dem epischen Dichter zur Verfügung steht, dem Lobe der kleinen Sänger auch mehr Worte gewidmet werden. So erfreut sich Gauwain am frühen Morgen an dem verschiedenartigen Jubilieren der gefiederten Musikanten. Er ist vollständig entschädigt für das frühe Aufstehen: *tant ke il dist A soi meisme ke dormir Ne devoit nus hon ne gesir Par tel tans tant k'il fust haities.* Chev. II esp. 2642.

Nicht ohne Absicht werden dergleichen Schilderungen gewöhnlich von den Dichtern eingeschoben: Während Calogrenant noch entzückt dem Vogelsange lauscht, der ihm an der Quelle aus den Zweigen der *plus biax pins Qui onques sor terre creust* Chev. 412 entgegenschallt, wird er sehr unangenehm aufgeschreckt von dem wunderbaren Ritter, mit dem er das bekannte Abenteuer zu bestehen hat. vgl. Chev. 463 ff.

Rosamonde kommt an das Fenster, um dem süssen Sang der Vöglein zu lauschen, der in ihrem Herzen die Liebe weckt: *L'euriel et la merle ot chanter sor l'aubor, Li cri del rousignol, se li sovient d'amor.* Elie 1368.. Sie, die Heidin, erkennt da die gütige Allmacht des wahren Gottes: *Vrais dieus, dist la pucele, con tu es presious! Tu fais croistre les arbres, porter foilles et flors, Et le ble nous fais sourdre de la terre en amour* .... Elie 1370 ff.

Durmart tritt eines Morgens ans Fenster: *Voit el pre l'erbe qui verdoie, Voit le tens bel et le jor cler, Si ot les aloes chanter Qui vers le ciel montent chantant.*

Der junge, übermütige Held wird dabei nachdenklich gestimmt, er lässt in Gedanken sein Leben an sich vorüberziehen, empfindet tiefe Reue über sein bisheriges Verhalten, und beschliesst, nun einen ehrenvollen Weg zu wandeln. Durm. 578 ff. In dem gleichen Gedicht wird öfter noch der Liebe zum Vogelsange gedacht, vgl. 2217, und es findet die Einwirkung der schönen Natur auf die menschliche Seele einen warmempfundenen Ausdruck: *Li jors se prent a esbadir, Li soliaz fait esclucir l'air, Mesire Durmars sent le flair Des flors noveles espanies Et bien en L parties Ot le chant des menus oiseaz Sor branches et sor arbreseaz, Molt vont grant joie demenant. Mesire Durmars va pensant A la rien que il plus desire En pensant le voit et remire Bien l'ont amors pris et lacie.* Durm. 4134.

Besonders eines hübschen Stimmungsbildes in dem Gedichte ist noch zu gedenken. Sein Haupt auf die liebreizende Jungfrau gestützt, schläft der schwerverwundete Durmars ein: *La nuis vint et li jors failli, La lune luist et clere et bele, Tote nuit velle la pucele; Et quant ce vint al ajorner, Lors chantent li oisel molt cler Por le tens ki beaz est et gais, Li solias fait luisir ses rais Sor les fuelles et sor les flors, Clers fu li matins et li jors.* Durm. 3018.

Die Blumen und der lustige Sang der kleinen gefiederten Waldbewohner, das sind die beiden Faktoren, auf welche sich hauptsächlich der Ausdruck der Liebe zur schönen Natur bei den Altfranzosen beschränkt. Ihretwegen liebt man auch zum grossen Teil den Frühling, wenigstens findet sich selten ein anderer Gedanke ausgesprochen, als dass die süsse Zeit, wo die Wiesen grünen, Blatt und Blüte erstehen, die Vöglein auf den Zweigen singen, die Zeit des Singens und der Liebe ist. Konnte es daher eine natürlichere Einleitung für ein Liebeslied geben als die Schilderung des Frühlings? Sie eröffnet formelhaft, als blosse Zeit- oder Ortsbestimmung die meisten lyrischen Gedichte. Das Formelhafte daran stösst uns zwar heute ab oder ermüdet wenigstens; aber es erklärt sich andererseits auch nur dadurch, dass die Sänger gewiss waren, mit solchen Schilderungen verwandte Seiten in der Brust ihrer Hörer anzuschlagen, dass dergleichen Töne stets willkommen waren. Ist ihre etwas aufdringliche Existenz damit auch gerechtfertigt, so haben sie freilich nur dann wirklichen poetischen Wert, können nur dann als ein gültiges Zeugnis wahrer Naturliebe angenommen werden, wenn sie auch wirklich im Herzen des Dichters empfunden sind; und dies wird der Fall sein, wenn jene Frühlingsschilderungen in einem inneren Zusammenhange mit der übrigen Dichtung stehen. Bevor wir dies untersuchen, müssen wir erst einen Blick auf die Beziehungen zwischen Natur und Menschenseele werfen.

Schon der alte Philosoph Protagoras hatte den Satz ausgesprochen, über den wir uns auch heute nicht erheben können: „Der Mensch ist das Mass aller Dinge“. Wir müssen zwar eine Stoffwelt ausser uns annehmen; wie sie uns aber erscheint, das ist unser Werk. So ist auch eine Sonderexistenz des Naturschönen ausgeschlossen. Man denke nur an den Unterschied zwischen dem Naturobjekt und dem Bilde, das wir uns davon im Geiste oder auf dem Papier machen. Was ist von der Rose noch geblieben, wenn sie der Künstler malt. Die paar äusseren charakteristischen Züge, welche wir der Pflanze entnehmen, ist etwa um ihretwillen das ganze Geschöpf da, oder machen sie wirklich die Gesamtschönheit desselben aus? Wenn unsere Augen mikroskopische Schärfe hätten, wie würden sich unsere Anschauungen von Schönem und Hässlichem verschieben. Wir betrachten also von vornherein nur nach Vermögen unserer Sinne die Aussenwelt. Was uns schön erscheint, ist es erst für uns als Menschen mit eben diesen unvollkommenen Organen. Alle Naturschönheit ist somit im eigentlichen Sinne eine Schöpfung des betrachtenden Subjekts. Und wie verfährt erst der Künstler, wenn er ein Naturschönes zum Kunstschönen erheben will. Goethe giebt für das beiderseitige Verhältnis ein treffliches Bild (Aphorismen XII 87 ed. Kurz. Hildburghausen 1870): „Gesetzt, der Gegenstand wäre gegeben, der schönste Baum im Walde, der in seiner Art als vollkommen auch vom Förster anerkannt würde. Nun, um den Baum in ein Bild zu verwandeln, gehe ich um ihn herum und suche mir die schönste Seite. Ich trete weit genug weg, um ihn ganz zu übersehen; ich warte ein günstiges Licht ab, und nun soll von dem Naturbaum noch viel auf das Papier übergegangen sein“.

Wir betrachten also mit kritischem, idealisierendem Blicke die Aussenwelt und geben ihr erst eine für uns verständliche Form. Dabei bleiben wir jedoch nicht stehen. Wir fassen das Funkeln von Mineralien, das Duften der Blumen, ihr leises Wiegen im Windhauche nicht als das Spiel äusserer Kräfte mit einem leblosen Gegenstande auf, sondern als Handlungen, welche von einem selbstthätigen Subjekte ausgehen. Nun schliessen wir ja auch bei unseren Mitmenschen aus der physischen Bethätigung auf die psychische vermittels der Erfahrungen, welche wir an uns selbst, dem Ich, machen. In gleicher Weise legen wir auch der aussermenschlichen Natur, sobald sie handelnd uns gegenübertritt, welche unserer Sinne sie auch immer errege, eine wollende Seele bei. Wir kennen aber nur unsere eigene Seele. Diese gilt uns daher als Massstab und Erklärung für alles Leben, das wir ausser uns wahrnehmen. Man hört ein Bächlein rauschen. Das gleichmässige Plätschern seiner Wogen gleicht einem leidenschaftslosen, munteren Geplauder; bald murmelt es geheimnisvoll, bald ist es ein Schwätzer, bald ein munter erzählender Gesellschafter auf der Wanderfahrt. Der Himmel, über welchen schwere Wolken ziehen, gleicht einem Menschenantlitz, das finstere Gedanken verdüstern; wenn aber das lichte Blau hervortritt, so scheint jenes Riesenangesicht zu lachen. So nicken uns auch die Blumen freundlich zu, die Vögel jubeln, der Donner grollt, der Fels liegt trotzig im grünen Meer, kurz, überall leihen wir der Natur erst unsere eigene Seele, wenn sie von uns verstanden wird und verstanden werden soll. Darum können wir mit den Naturobjekten verkehren, wie mit teilnehmenden Freunden.

Damit kommen wir auch auf unsere Definition vom Naturgefühl zurück. Es kann nur vorhanden sein, wenn die Aussenwelt in Beziehung gesetzt wird zur Gedanken- und Empfindungswelt des Menschen. Dann ist auch klar, dass wir in froher Stimmung am empfänglichsten für die heitere Natur, in trüber für die düstere sein werden: und wenn zur wonnigen Frühlingszeit das Dichterherz sich in Leid verzehrt, so beklagt es sich wohl über den schmerzlichen Gegensatz. Man verlangt von der Natur eben, dass sie stets harmonieren solle mit der eigenen Seelenverfassung. Sie soll mitjubeln, mitweinen und -klagen. Recht charakteristische Beispiele für solchen innigen, fast kindlichen, Verkehr mit der Natur liefern z. B. Petrarca's Sonette (vgl. Biese, M. A. 138 ff.)

Auf diesem innigen, untrennbaren Zusammenhange zwischen Natur und Menschenseele beruht nun auch das einfache künstlerische Gesetz der edelsten Volkspoesie, dass immer ein freundliches Naturbild als Eingang für ein heiteres Gedicht, ein düsteres für einen wehmütigen Inhalt gewählt wird. Wie aber Schuchardt gezeigt hat, dass der Blumenausruf des italienischen Ritornells und der Terzine seine ursprüngliche Bedeutung verloren und zur sinnlosen Form herabgesunken ist, so wies auch z. B. Meyer, Gustav, Essays und Studien zur Sprachgeschichte und Volkskunde. Berlin 1885 nach, wie das Schnaderhüpfel seinen Hauptreiz, der gerade in der Uebereinstimmung des Naturbildes und des übrigen, rein menschlichen Inhalts besteht, allmählich durch ungeschickte Variation verloren hat. Man vergleiche nur eine wahrscheinlich ursprüngliche Fassung: *Dass aem Tannwaud feinstr iis, Das macht das Holz, Dass mai Schatz feinstr schaut, Das macht der Schtolz,* mit der platten Variante: *Döss s in Wald finster is, Machen die Tannebüsch, Döss Du mei Schotzel bist, Dös is gewiss.* (Meyer S. 356 ff.)

Prüfen wir nun das uns vorliegende afz. lyrische Material in dieser Hinsicht, so finden wir nur selten den Natureingang von Bedeutung für den übrigen Inhalt des Gedichtes. Wie schon angedeutet, verwendet ihn der Dichter meistens als Motivierung für sein Lied oder Liebessehnen, vgl. Bartsch I 46. II 62, 78, III 52, Mätzner III; denn: *Mult a dur cuer qui en mai n'aime* (Mätzner S. 121 aus Rom. de la Rose 81). Er dient auch dazu, das Mädchen zur Liebe zu bewegen: die Rose selbst scheint zur Liebe aufzufordern: *Par deu, belle compaignete, Voi le tans renoveler Et espanir la rosete, Ke nos semont de juer.* Bartsch II 24, 12.

Auch dann sind Frühlingsschilderungen poetisch gerechtfertigt, wenn der Dichter damit angiebt, dass die Schönheit der Natur ihn das durch eine Treulose verursachte Leid vergessen machen kann, wie z. B. Bartsch II 98: *Au douz tanz seri Que pre sunt flori Que n'est mais nois ne gelee, Qu'oixcillon par la ramee Sunt si resbaudi, Levai me une matinee, Ma voie acueilli Les un bois par mi la pree Por metre en oubli Le mal qui me destraint si Que trai por celi Qui j'ai de fin cuer amee N'ainc ne li failli.* vgl. Wackern. 46.

Ferner müssen wir als poetisch empfunden anerkennen, wenn die Frühlingszeit die Qualen der Liebessehnsucht im Herzen weckt: *Quant voi la flor novele Paroir en la praele, Et j'oi la fontenele Bruire seur la gravele, Lors me tient amors novele Dont ja ne garrai: Se cist maus ne m'asoaige, Bien sai que morrai.* Bartsch II 67, vgl. Wackern. 50; Mätzner X.

Gewöhnlich aber bilden die gleichen Einleitungen eine für den Inhalt bedeutunglose, umständliche Zeitbestimmung: *Quant li douz tans rasouage, A douz mois d'avril entrant, Chevauchai lez le rivage etc.* Bartsch 39. vgl. Bartsch I 59; II 6; 64; 73; 98; III 45. Wackern. 13.

Oft findet sich auch das Motiv: *Je me levai ier main matin Un pou devant soleil luxant; Si m'an antrai an un jardin.* Bartsch 43 od. II 99.

Zieht der Sänger nun in aller Frühe aus, weil die erwachende, durch die Kühle der Nacht und den Tau erfrischte Natur einen erhöhten Reiz ausübt? Nehmen wir es zu seiner Ehre an. Jedenfalls aber glauben andere gewissenhafter sein zu müssen, indem sie hinzufügen, dass das frühe Ausreiten stattfindet, um die Hitze des Tages zu vermeiden: *A dous tens pascor Me levai matin, Davant la chalor Errai mon chemin* .... Bartsch 36 III 45, 8.

Auf die Schilderung der „süssen“ Zeit folgt also gewöhnlich nur die Angabe, dass der Dichter am Morgen ausging oder ausritt und dann ein Liebesabenteuer, gewöhnlich mit Erfolg, bestand. Es wird in der Regel weit ausgeholt, ohne dass für die Dichtung etwas gefolgert würde: *Or voi yver defenir Et ces airbres bouteneir, Ke ne se puecent tenir Cil oxillon de chanteir Por lou tens ki renovelle Trovai gentil pastourelle etc.* II 15. und nur vereinzelt ist wenigstens auf die Stimmung, die das Gedicht durchziehen soll, Bezug genommen, wie Bartsch II 22: *La doucours del tens novel Fait changier ire en revel Et acrestre joie. Por lo comancement bel Don douz mai lez un boschel Tot seus chevalchoie. Entre un pre et une voie Espringoient sor l'erbroie Pastores et pastorel.*

Wenn andererseits die trübe Herbst- und Winterszeit geschildert wird: *Quant fuelle chiet et flor fault, K'oxillon perdent lor chant Por iver, Ki les asault Et les tormente forment, Un jor a la grant froidure Chevachoie m'anbleure.* II 17, Bartsch, so sollte man erwarten, dass von unglücklicher Liebe die Rede sein wird. Im Gegenteil, die Schäferin ist hier weniger spröde, als zur Zeit, wo die Blumen duften und die Vöglein zur Liebe auffordern vgl. v. 45 ff.

Aehnlich hat man wohl auch das jedenfalls unvollständige Lied II 23 zu ergänzen. Nach den drei Strophen, die wir von ihm kennen, wird der Sänger zwar abgewiesen und dies würde gut zur Einleitung passen: *Quant la douce saisons fine, Que li fel yver revient, Que flors et fuelle decline, Que ces oiselez ne tient De chanter en bois n'en broil, En chantant si con je soil Toz seus mon chemin erroie,* II 23, aber wir dürfen daraus noch auf keine Stimmungsmalerei des Dichters schliessen, weil dem Liede die Enwickelung und die meist vorhandene Pointe fehlt.

Dass diese Natureingänge bei ihrer formelhaften, oft sinnlosen Verwendung schon damals Leute von Geschmack abstiessen, bezeugt uns Thibaud, Graf der Champagne und König von Navarra, in einer öfters angeführten Stelle: *Feuille ne flors ne vaut riens en chantant Fors par defaute sans plus de rimoier, Et pour faire soulas moienne gent Qui mauvais mós fait sovent abayer.* (vgl. Roquefort l. c. S. 211; Uhland l. c. Anm. 20 zu S. 388).

Darum singt ein Dichter auch, vielleicht um originell zu sein, zur Winterszeit das Lob seiner Dame: *Quant la saison est passee*

Deste et yvers revient, Pour la meillour qui soit nee Chancon faire me couvient. Mätzner IX. Ein anderer, von Liebe erfüllt, sagt: *Pleuve et noif aussi kier ai Con chans doisiaus a oir.* eb. XXV v. 5, und es wird zuweilen von lyrischen Sängern die Wirkung der Natur gegenüber dem Einfluss der Dame ganz abgelehnt: *Fueilles ne flours ne mi font pas chanter, Ne biaus estes, n'ivers quant il repaire, Mais ma dame ki tans a le vis cler etc.* Mätzner XX.

Die ermüdende Eintönigkeit der Liedereingänge kann noch einem weiteren Umstande zugeschrieben werden, dass in der Lyrik naturgemäss immer wieder dieselben Situationen wiederkehren. In der Epik dagegen entrollt sich uns das menschliche Leben in seiner ganzen Mannigfaltigkeit, und darum wird der Dichter auch genötigt sein, bewusst oder unbewusst, wechselvollere Naturbilder zu entwerfen. Zunächst freilich finden wir, wie in der Lyrik, auch in den Romanen die gleichen Frühlingsschilderungen als Einleitungen für das ganze Werk oder einzelne Abschnitte.

Adenet beginnt seinen Roman de Berte: *A l'issue d'avril, un tans douc et joli, Que herbeletes pongnent et pré son raverdi, Et arbrissel desirent qu'il fussent parflori, Tout droit en cel termine que je ici vous di, A Paris la cité estoie un venredi* ..... Berte 1 ff. Der Dichter geht nach Saint Denis, bittet einen Mönch, er möge ihm *le livre as estoires* zeigen, und entnimmt daraus die Geschichte von Berte und Pepin. Für sich betrachtet ist diese Einleitung hübsch und versetzt den Hörer sogleich in eine behagliche Stimmung, die ihm sofort Interesse für das Gedicht einflösst. Aber welches afz. Gedicht entbehrte dieses Schmuckes? Die älteste Zeit freilich begnügt sich neben den früher behandelten einfachen Zeitbestimmungen: *Quant li jorz passet et il fut anoitiet* Alex. 11 u. ä. (vgl. S. 30 f.) mit eben so trockenen Angaben über die Jahreszeit: *Ço est en mai, à l'premier jur d'estet.* Rol. 2628 ohne anderen Zusatz. Und weiterhin vermeidet das volkstümliche Epos durch Nebensächlichkeiten von seinem eigentlichen Gegenstande, Mensch und That, abzulenken; ihm genügen meist zwei Zeilen zur Schilderung der Frühlingszeit: *Ce fu en may que chante la calendre, Li solaus luist et li oiseillon chantent.* Amis 512, und bald darauf v. 537: *Ce fu a pasques que on dist en avril, Que li oisel chantent cler et seri.*

Erst die spätere Zeit reiht in ihren Reimapparat auch längere, und zwar wenig variierte Frühlingsschilderungen ein. Aehnlich, wie Berte, beginnt Adenet auch den Buev. de Comm.: *Ce fu ou tans d'esté, si comme ou mois de mai K'en maint lieu resplendissent cler dou soleil li rai Et que arbre florissent et pré sont vert et gai,* da kam dem Dichter der Wille, von den Thaten der Helden zu erzählen *(des preudomes)*; und so macht er sich nach Saint-Denis auf, um nach alten Geschichten zu forschen. In den Enf. Og. 36 noch einmal die gleiche Einführung.

Es handelt sich also nicht darum, den Frühling um seiner selbst willen zu schildern, sondern, wie es dem Epos auch geziemt, nur eine lebhaftere Vorstellung jener Zeit zu geben, in welche der Hörer versetzt werden soll. Aus gleichem Grunde sagt der Dichter: *A l'entree d'aoust, ains c'on soie les bles.* Aiol 10427. *Entour la Saint Jehan que la rose est florie.* Berte 36. *En esté, quant li jour sont bel et lonc et cler, Que la rose est florie et bele à esgarder.* Buev. 53., aber wenig gewählt: *Entour la St. Jehan, ne quier que vous en mente, Que cil oiseillon metent à chanter lor entente.* Buev. 1344. Und merkwürdig: *Ce fu en may que resplent la rousée.* Enf. Og. 956.

Wir können darauf verzichten, eine grössere Zahl der üblichen Frühlingsschilderungen zusammenzustellen, zumal Bekker in den Homerischen Blättern S. 185 eine hübsche Auswahl gegeben hat; aber um ihre typische Verwendung zu erkennen, vergleiche man nur folgende Stellen aus einem einzigen Roman, Renaut de Montauban, den wir schon früher in einem ähnlichen Zusammenhange erwähnt haben: 21, 11: *Ce fu el mois de mai, que li caus asoage, Que l'erbe vert est née et la flors el parage ....* 12, 28: *Ce fu el mois de mai, ens el commencement Que l'erbe verde est née et la flors ensement, Que li rosigneus chante ens el bos hautement, Et meun oiseillon par esbaudissement ....* 40, 9: *Ce fu apreis la Pasque, à l'entree d'esté, Que li oiselon chantent el parfont bos ramé.* 88, 5: *Ce fu el mois de Mai qu'est entrés li estés. Que li oiseillons chantent el parfont bos ramés Et foillissent cil bos et verdoient cil prés ....* 108, 15: *Ce fu el mois de Mai, à l''entrée d'esté Que florisent li bois et raverdissent pré Et cil oisie cantoient parmi le bos ramé.* 112, 4: *Ce fu el mois de Mai, à l'entrée d'esté Ke florisent cil bois et verdoient cil pré ....* 126, 31: *Ce fu el mois de Mai, à l'entrée d'esté Que foillissent cil bos et verdoient li pré ....*

Es erklärt sich sehr wohl, wie bei der Beliebtheit, deren sich dieses Gedicht erfreute, und den vielen Bearbeitungen, die es erfahren hat, neben manchen poetischen Zügen solche ermüdenden Formeln das Werk entstellen konnten. (vgl. S. 28).

Als masslos breit wollen wir andererseits die Frühlingsschilderung des B. de Condé im La Voie de Paradis XVIII anführen, auf deren Aehnlichkeit mit den vv. 45 ff. im Rom. de la Rose Scheler aufmerksam macht, indem er anerkennt, dass sie jedoch keineswegs die Eleganz und Leichtigkeit der letzteren erreicht. Condé giebt eine weitschweifige Einleitung, ohne originelle Züge, die in keiner inneren Beziehung zum Gedichte steht, und deren Gedanken, fremdes Eigentum, meist in die mühselige und unnatürliche Form der *rimes équivoques* gepresst erscheinen. Guillaume de Lorris dagegen, der geistvolle Verfasser des ersten Teils vom Rosenroman, im freudigen Bewusstsein seiner Jugend, wo die Liebe ihren Zoll fordert, träumt von einem schönen Maienmorgen, von der Zeit, wo die ganze Schöpfung Liebe und Lust atmet, und der Schauplatz seiner Erzählung ist bekanntlich ein blühender Garten.

Selbst wenn uns aber eintönig und formelhaft die Frühlingsschilderungen entgegentreten, dürfen wir sie nicht achtlos verwerfen; denn die uns beschäftigenden Romane waren dem Bedürfnis und Verlangen der Hörer angepasst, und was wir oben für die Lyrik festgestellt haben, muss auch hier wieder betont werden: Die formelhafte

Verwendung spricht nur dafür, dass die Freude an der vom Vogelsang durchallten, jungen blühenden und duftenden Natur ein Gemeingut der Nation war und, durch des Dichters Mund verkündet, in allen Herzen ein frohes Echo erweckte. Man braucht zur Erklärung garnicht, wie es öfters gethan wird, anzunehmen, dass sich die Leute damals in ihren dumpfen, durch schlechte Heizung und Beleuchtung raucherfüllten Sälen nicht wohl fühlen konnten, und daher aufjubelten, wenn endlich wieder eine sanftere Luft wehte; denn so ganz unbehaglich muss es doch nicht immer in den Schlössern zur Winterszeit gewesen sein, wie folgende Scene zeigt: Bruns lässt, als er seinen Gast Durmart erkennt, durch einen vorausgesandten Knappen schnell ein Feuer anzünden: *Li fus est alumes et fais, Li siege sunt fait environ, Bien senble ostex a haut baron, Les chandoilles sunt haut levees Qui sunt a la perce alumees, Laiens fait molt bel et molt cler.* Durm. 9174. Später wird die ganze Hochzeit zwischen Durmart und der Königin von England, welche drei Tage dauerte, in den Sälen von Limeri abgehalten, ohne dass erwähnt wird, sie hätte dadurch an Glanz und Fröhlichkeit eingebüsst: *Grans fu la joie, je vos di En la sale de Limeri* 15127.

Von den palais jener Stadt, zu welcher Partonopeus auf seiner wunderbaren Fahrt gelangt, sagt der Dichter: *Qui dedans est ne crient iver.* Part. 836. Man wird kaum dagegen einwenden können, dass hier eine Phantasiestadt geschildert wird; denn der Dichter geht durchaus nicht über das Mass des Möglichen hinaus, und schliesslich ist das Bewusstsein des Unzulänglichen schon der erste Schritt zur Abhülfe. Also man wird sich wohl, so gut es ging, gegen die Unbill der rauhen Jahreszeit zu schützen gewusst haben.

Dann ist noch darauf hinzuweisen, dass bei allen Nationen, die einen Frühling kennen, eine Feier desselben besteht. Auch in der afz. Litteratur finden sich manche Hinweise darauf. vgl. Bartsch III 41 oder Cléom. 2785: *Ce fu si k'après la jornée Moult faisoit bele matinée; Car mays estoit nouviaus entrés. C'est uns tans qui moult est amés, Et de toutes gens conjoys; Pour ce a non mays li jolis,* und 2846—2874 ist dann von einem Dankfeste, verbunden mit einer Opferung, die Rede für den Mai und Herbst, welchen Gebrauch Cléomadès in Toscane vorfindet.

Während wir nun die spätere Dichtung förmlich übersprudeln sehen von Naturschilderungen, so dass fast nie Pfingsten, Ostern oder eine ähnliche Zeitbestimmung ohne den üblichen Zusatz von grünenden Wiesen mit ihrem Blumenschmuck und dem Vogelsang erwähnt wird (und dazu ist bekanntlich fast in jedem Epos mehrmals Gelegenheit), so vermissen wir dergleichen doch oft genug an Stellen, wo ein solcher Hinweis wirklich am Platze wäre, und empfinden eine Lücke in der Dichtung. Wir haben S. 97 den Reichtum an Frühlingsschilderungen im Renaut de Montauban hervorgehoben. Nun, die Aimonskinder sind gezwungen, im tiefsten Elend im Walde zu hausen. Es ist erklärlich, dass sie inbrünsiig die warme Jahreszeit herbeisehnen: *Forment les anuia li yvers qui lons fu, Ha Dex! com desirroient que estés fust venu!* Ren. 87, 2. Jetzt würde auch für die teilnahmsvollen Hörer die Schilderung des Frühlings eine willkommene Erlösung bilden; aber der Dichter fährt knapp fort: *Or est estés venus, li ivers est passés, Li soés tans les a durement amendés.*

Nur noch ein Beispiel: Renier und Eremborc schmachten schon lange Zeit im Kerker *qui est orde et puans* Jourd. 334. Endlich schlägt ihnen die Stunde der Erlösung: *Or va li jors, si aproche li vespres, L'endemain fu Pentecouste la bele. Fromons les fait gieter de la cisterne.* v. 507. Hier könnte man einen Hinweis auf den wohlthuenden Einfluss der süssen Frühlingsluft, des hellen Tageslichts erwarten, nachdem die Armen so lange in einem verpesteten Raume gedarbt haben. Der Dichter glaubt aber eine lebhaftere Vorstellung von der Grösse der Leiden zu geben, und mehr das Mitgefühl seiner Hörer zu erwecken, wenn er Eremborc dreimal in Ohnmacht fallen lässt *lasse de duel et de disetes Et des grans painnes qu'en la chartre a souffertes* Jourd. 510.

Man ist bei diesem Gedichte um so eher zu einer solchen Bemerkung berechtigt, als es an anderen Stellen wieder einen geschmackvollen und überraschend wahr empfindenden Dichter verrät. Man denke nur an jene rührende Situation, wo Eremborc ihren Sohn, den sie für Jourdain dem Tode überliefert, ein letztes Mal im Arme hält und in die wahrhaft rührende Klage ausbricht: *Or revenront cil biau jor en este, Que m'en irai desor ces murs ester, Ces damoisiax verrai de ton ae Par devant moi et venir et aler, A la quintainne et a l'escu jouster, Et corre as barres et luitier et verser; Lors referai si mon cuer replorer Molt m'esmervoil, se ne l'estuet crever.* Jourd. 656.

Ueberdies fehlt der Ausdruck jener tiefen Sehnsucht nach der schönen freien Natur, wenn eine lange Zeit der Entbehrung voraufgegangen ist, keineswegs in der afz. Dichtung. Cligés und Fenice leben, durch innigste Liebe verbunden und sich selbst genug, im Wunderhause verborgen: *Au renovelement d'esté, Quant flors et fuelles d'arbres issent, Et cil oiselet s'esjoïssent, Qui font lor joie an lor latin, Avint que Fenice un matin Oï chanter le rossignol. L'un braz au flanc et l'autre au col La tenoit Cligés doucement, Et ele lui tot ausement, Si li a dit: „Biaus amis chiers, Grant bien me feïst uns vergiers, Ou je me poïsse deduire. Ne vi lune ne soloil luire, Plus a de quinze mois antiers. S'estre poïst, mout volantiers M'an istroie la fors au jor, Qu'anclose sui an ceste tor. Se ci pres avoit un vergier, Ou je m'alasse esbanoïier Mout me feroit grant bien sovant.* Clig. 6350.

Der Wunsch wird ihr erfüllt, und: *Quant Fenice vit l'uis ovrir Et le soleil leanz ferir, Qu'ele n'avoit pieça veü, De joie a tot le sanc meü Et dit qu'or ne quiert ele plus, Des qu'issir puet fors del reclus, N'aillors ne se quiert herbe‿gier.* 6393.

Man hat behauptet, dass der afz. Dichtung jenes tiefe Naturgefühl fehlt, welches unsere Empfindung in die Aussenwelt verlegt, das sympathetische Mitleben der Natur, wie es sich dem phantasievollen Gemüte der Modernen erschlossen hat und das wir oben im Genaueren begründet haben. Wenn wir es nicht in dem Masse entwickelt finden können, wie bei Dante oder Petrarca etwa, von unserer klassischen Dichtung ganz zu schweigen, so zeichnen sich doch seine unverkennbaren Spuren an mancher Stelle ab. (vgl. S. 26 f.) Die junge schaffensfreudige Natur begeistert den jungen Dichter des

Partonopeus zum mühevollen Werke, zur Bethätigung seines Talentes: *Toute verdors se raverdist, Et tos li mons rajouvenist; Pour la saison qui (— tant est —) bele, Joie et jovente renovele; Et je sui jouenes, engignos, Sains et delivres et joios. Si me semont joie et jovens Que je ne soie oiseus ne lens.* Part. 61.

Gauwain reitet eines Morgens hinaus, nur mit Schild, Lanze und Schwert bewaffnet, ohne Panzer: *por soi esbanoier es prés.* (Chev. II esp. 2698). Die Freude der Vögel über die schöne Frühlingszeit erschallt in fröhlichem Sange durch das Grün: *Mes sire Gauwains s'esioist De la ioie k'il a oie Si k'a peu k'il ne s'entroublie Et il a regarde ses pies, En ses gambes s'est aficies Si fort k'il a fait alongier Les estriers et les fait brisier Tout outre, mout petit en faut, Et il tent ses .II. mains en haut. „Biax sire dix, ie vous merci, Dist il, ke vous m'aves issi Fait biel et issi gracieus Et issi bien aventureus Que tous li mondes m'en cerist Plus ke il onques mais ne fist.“* l. c. 2726. Ein hübsches Zeichen für die wohlige Stimmung, welche Gesundheit und Kraft, die nach Bethätigung sucht, in der freien Natur empfindet, wie die schöne Aussenwelt in der Menschenseele Fröhlichkeit erweckt und sie umgekehrt von ihr erhält, wie ein fromm Gemüt sich unwillkürlich in solchen Augenblicken des edelsten Genusses seinem Gotte zuwendet, und wie dann auch wohl die unbelauschte Selbstliebe in Dank ausbricht für die Vorzüge, deren sie sich wohl bewusst ist. Man wird zugeben, eine feine psychologische Beobachtung. Zugleich bringt diese Schilderung aber auch einen dramatischen Gegensatz hervor; denn Hochmut kommt vor den Fall. Bald darauf finden wir den armen Gauwain schwer verwundet, allerdings in unbilligem Kampfe, hülflos darniederliegen.

Crestien spricht einmal klar aus, dass dem Auge der Liebe die Aussenwelt teilzunehmen scheint an unserer Herzensfreude; *Certes, de rien ne s'avilla Amors, quant il les mist ansanble; Car a l'un et a l'autre sanble, Quant li uns l'autre acole et beise, Que de lor joie et de lor eise Soit toz li mondes amandez.* Clig. 6336.

Selbst der ehrwürdige Roland weist schon in gewissem Grade ein sympathetisches Naturgefühl auf, das allerdings noch zu sehr den Charakter des Wunderbaren trägt: Im Thale von Ronceval wütet die Schlacht. In Frankreich aber erhebt sich ein furchtbarer Sturm, Regen und Hagel fällt ohne Mass, Blitz und Donner folgen sich schnell. Die Erde erzittert, so dass durch das Land hin die Mauern der Häuser bersten. Am Mittag herrscht tiefe Finsternis, die nur hin und wieder erhellt wird, wenn die Wolkenschicht zerreisst. Da sagen die Menschen angsterfüllt: *C'est li definemenz, La fin de l'siècle ki nus est en present.* Doch ist's nicht wahr: *C'est la dulur pur la mort de Rollant.*

Diese markige Kraft der Darstellung, in halb mythischem Gewande, verbunden mit einer tiefen poetischen Empfindung, ist nicht wieder erreicht worden; sie passt allein zu dem Stoff und den Charakteren des Heldenliedes; und dieser Einklang, der die Dichtung auszeichnet, macht sie zu einem unvergänglichen Kunstwerke, das freilich nicht mit dem Massstabe moderner Aesthetik und Poetik beurteilt werden darf.

Jedenfalls müssen wir entschieden bejahen, dass die Altfranzosen fähig gewesen sind, die zarten Fesseln zu empfinden, welche die Menschenseele mit der Natur vereinen Wenn dies zunächst am klarsten dort hervortritt, wo unsere Sinne den stärksten Reiz erleiden, nämlich zur Frühlingszeit nach den Entbehrungen des Winters, so zeigen unsere Beispiele, dass bei originalen, wirklich begabten Sängern doch auch ein feineres Verständnis für jene Beziehungen hervortritt. Wir sind der Ueberzeugung, dass dies noch öfter geschähe, wenn nicht der Schwerpunkt der afz. Dichtung auf dem Epos, ruhte und hierbei naturgemäss die dichterische Individualität in den Hintergrund träte. In der Lyrik hat ein tiefes Naturgefühl immer die innigsten Töne gefunden.

Jene Liebe zur schönen freien Natur, von welcher wir die Altfranzosen beseelt gefunden haben, hat auch bestimmend auf ihre Lebensgewohnheiten eingewirkt. Wir werden bei der Landschaft ausführlicher von dem Garten zu sprechen haben, in dem sich ein guter Teil ihres privaten und öffentlichen Lebens vollzog. Hier wollen wir nur eines ganz besonders wichtigen Faktors für die Pflege und Stärkung der Naturliebe gedenken: Der Jagd. Auf einem edlen, feurigen Rosse die Wälder zu durchstreifen, beim Hörnerklang und dem Gebell der kampfesmutigen Bracken, das war des Ritters höchste Freude; das war seine Erholung, wenn er aus schwerem Kampfe heimkehrte; hier konnte der Knappe seine Kräfte üben und erweisen, ob er einst würdig in die Reihen der Alten eintreten werde zum Kampfe gegen die Heiden, zum Schutze der Schwachen und Unterdrückten, zum Ruhme seines Namens und zur Ehre für „*la douce France*“.

Es ist daher erklärlich, wie oft in den Gedichten von der Jagd die Rede sein wird. Es liegt jedoch nicht in unserem Zwecke, die verschiedenen Arten der Jagd zu beschreiben, noch auf die Kunstmittel einzugehen, mit welchen man die Tiere zu täuschen wusste (vgl. Lacroix, Moeurs, usages et costumes au moyen âge et à l'époque de la Renaissance. Paris 1871. S. 191 ff.); wir wollen nur einen Blick auf die Art, wie in den Gedichten Jagdscenen geschildert sind, werfen, um zu erfahren, ob sie wirklich für das Naturgefühl von Bedeutung sind.

Mit Gefahr des Lebens huldigt man der Jagdleidenschaft. Während die Aymonskinder von Karl belagert werden, schleichen sie sich heimlich aus dem Schloss und belustigen sich mit Jagd und Fischfang. Ren. 60, 29 ff.; 67, 9 ff.

Oft dient dieses Vergnügen dem Dichter als Ausgangspunkt einer Handlung, wie im Lai Guigemar oder Partonopeus, oder wird anderweitig von ihm für die Entwickelung seines Stoffes benutzt. Ein besonders geschickter Zug ist dem Dichter des Ren. de Mont. nachzurühmen. Als die Brüder bei der Heimkehr von der Jagd erfahren, dass der König You angekommen ist, geben sie ihrer Freude gleichsam durch ein Ständchen Ausdruck, welches sie ihrem Gaste bringen. Renaut befiehlt dem *senechal* 167. 11: „*Aportes moi mon cor, Bondin que tant ai chier, La joie mon seignor doi je bien essaucier.*“ *Et cil a repondu:* „*Biau sire volentiers.*“ *Maintenant li tendi par la guige à ormier. A chascun de ses frères r'a il baillié le sien. Qui la oïst les contes corner et grailoier, Ne poïst on entendre nis Deu tonant el ciel. Montauban en tentist et li palais pleniers. Del mostier saint Nicol en tentïst li clochiers. .XIII. cors i sonent, estre les menuiers. Sos ciel n'a si dur cuer, que n'en presist pitiés.*

Am tiefsten erschüttert wird durch diese Huldigung der König, welcher die Brüder an Karl ausliefern will, aber auch denjenigen, welche von dem treulosen Plane Kenntnis haben, machen die jubelnden Töne das Herz schwer. So hebt sich stimmungsvoll die helle Jagdfreude der Ahnungslosen von dem dunklen Hintergrunde des Verrates ab.

Mit grossem Behagen wird im Garin de Loherain II 225 ff. eine Jagdschilderung entworfen; namentlich der Moment, wo das Wild gestellt wird: *Li pors les* (die Hunde) *roit, s'a les sorcis levés, Les iex roelle, si rebiffe du nés, Fet une hure, si s'est vers eus tornés; Trestous les a ocis et afollés.* S. 229 IV Z. 6 ff.

Dass die höfischen Kreise einer späteren Zeit auch die Jagd in den Dienst der Galanterie stellten, erscheint nicht wunderbar. Wer einen weissen Hirsch tötete, der durfte die schönste Jungfrau am Hofe des Königs Artus küssen. Damit beginnt die Entwickelung im Erec v. 45 ff. Aehnlich dient auch der Sperber einem ritterlichen Vergnügen. Der Vogel wurde auf eine silberne Stange gesetzt, und diejenige Jungfrau durfte ihn als Preis herunternehmen und behalten, deren Ritter in dem sich daraus entspinnenden Wettkampfe Sieger blieb. Bei solcher Gelegenheit zeichnen sich Erec und Durmart aus. (Auffallend ist auch in beiden Gedichten der gemeinsame Zug, dass der feindliche Ritter von einem Zwerge begleitet ist). Dass man dem Sperber gerade diese Ehre erwies, erklärt sich daraus, dass er neben dem Falken als Jagdtier sehr hoch geschätzt wurde, und viel Geduld und Fleiss auf seine Ausbildung verwendet werden musste.

Ein Umstand zeigt nun deutlich, abgesehen von jener harmlosen Nutzanwendung, die sie in der späteren galanten Zeit gefunden hat, dass die Jagdliebe ausschliesslich nur dem ritterlichen Vergnügen und der Freude, sich in der freien Natur zu tummeln, gilt: sie wird niemals als ein Mittel, Beute zu machen, geschildert. Der Dichter versetzt sein Publikum in den schönen Wald, er beschreibt ihm die Eigenart der Tiere, er rühmt die Kraft der Jäger, er verleiht der frohen Stimmung der Teilnehmer Ausdruck, kurz, wir sind berechtigt als Triebfedern der Jagdlust lediglich den Wunsch zu erkennen, körperliche und seelische Vorzüge zur Geltung zu bringen, in Wald und Feld umherzustreifen, die frische würzige Luft zu atmen.

Vor allem bot die Jagd Gelegenheit, die Tiere kennen zu lernen, ihre Eigenarten, Vorzüge und Schwächen, zu beobachten, und wir sahen im ersten Kapitel, welchen Einfluss diese Kenntnisse auf die Anwendung der Gleichnisse hatten.

Wir wollen hier nur noch erinnern, dass die Jagd vorzugsweise die Liebe zu den Hunden und Pferden, neben den oben erwähnten Sperber und Falken, vermehren musste. Wenn man der toten Natur, den Pflanzen häufiger schon (vgl. S. 26 f.), eine Seele lieh, so lag es noch näher die Tiere wie Menschen empfinden und handeln zu lassen (vgl. S. 17 f.), da man bei ihnen ja in der That eigene Willensäusserungen wahrnehmen musste. Etwas wunderbar greift z. B. ein Hund, dessen treffliche Eigenschaften wir ebenfalls schon bei den Gleichnissen verwertet gefunden hatten, in die Handlung des „Durmart“ ein. Der Held bekommt von einem besiegten Ritter einen Jagdhund geschenkt mit der Weisung, dem Tiere zu folgen. So wird er zu seinen Abenteuern geführt.

Man denke ferner an das Verhältnis, welches zwischen Renaut und seinem trefflichen Bajart besteht. Das kluge Tier weckt seinen Herrn, da ihm Gefahr droht, und als dann im Kampfe die Ritter ihre Pferde verlassen haben, um zu Fuss den Streit zu beendigen, stürzt sich Bajart auf das Tier des Gegners und besiegt es. Dafür hängt aber auch Renaut mit ganzem Herzen an seinem treuen Begleiter in Kampf und Not. Als die grosse Hungersnot während der Belagerung in Montauban ausbricht, schlachten die Aimonskinder schliesslich ihre Pferde, um sich vor dem Tode zu retten. Nur Bajart ist noch übrig, und Renaut widersteht allem Drängen, auch ihn zu opfern. In der höchsten Not vermag er es nur über sich zu gewinnen, dem Tiere etwas Blut abzuzapfen, um sich und seinen Brüdern das Leben zu fristen. Hier steht nicht der Mensch dem Tiere, sondern der Freund dem Freunde gegenüber.

Der durchweg mehr zum Wunderbaren neigende höfische Roman stellt dem Bajart als Pendant den Löwen Yvain's gegenüber. In dankbarer Anhänglichkeit an seinen Befreier von der Schlange jagt und wacht das Tier für seinen Herrn, ja, es will sich sogar in das Schwert stürzen, als es ihn tot glaubt. Yvain erwacht aber rechtzeitig aus der Ohnmacht: *Et li lyons son cors retint, Qui a la mort toz escorsez Coroit come pors forsenez Qui ne prant garde, ou il se fiere.* Chev. 3514.

Nur noch ein charakteristisches Beispiel als Ergänzung zu S. 21 aus dem Lai Eliduc: Während die Gattin des Eliduc in der Kapelle um die scheinbar tote Freundin desselben klagt, erscheint plötzlich ein Wiesel, das der Knabe der Dame erschlägt und mitten auf den Weg wirft. Nach kurzer Zeit kommt das Weibchen zu jener Stelle und als es den Gefährten liegen sieht, läuft es um ihn herum und versucht, ihn aufzurichten. Da seine Bemühungen erfolglos sind, giebt es sichtbare Zeichen des Schmerzes zu erkennen (v. 1044), eilt dann aber in den Wald, holt eine rote Blume und steckt sie in den Mund des Getöteten, worauf dieser erwacht. Als die Dame dieses Wunder sieht, bemächtigt sie sich der Blume, und es gelingt ihr durch das gleiche Mittel, Guilliadun zu erwecken. Köhler giebt reiche Nachweise dieser und ähnlicher Sagen.

Die Tiere leben also nicht nur einem Naturgesetz zufolge gepaart als Männchen und Weibchen, sondern sie sind, wie die Menschen, durch Liebe und Treue mit einander verbunden, sie härmen sich zu Tode, wenn ihnen der Gefährte entrissen wird, oder sie suchen ihn zu retten, indem sie dabei selbst eine höhere Kenntnis der Naturkräfte verraten als der Mensch (vgl. auch Vischer, Aesthet. 1467 f.)

Während man so die Tierseele als der menschlichen gleichgeartet erkennt, hat man auch ein Verständnis für die körperliche

Schönheit der Tierwelt. Vorzugsweise findet man natürlich schöne Pferde beschrieben, manchmal allerdings etwas absonderlich, wie Erec 5276: *Cil estoit vairs, et cil ert sors. Mais la teste ert d'autre guise: Partie estoit par tel devise Que tote ot blanche une ive, Et l'autre noire comme choe. Entre deus avoit une ligne Plus vert n'est fuelle de vigne, qui departoit le blanc dou noir.*

Als Gegensatz vergleiche man die Schilderung eines hässlichen Pferdes, Perc. 8523.

3. Kapitel.

Poetische Darstellung der Landschaft.

Die Tiefe und Wahrheit des Naturgefühls hält gleichen Schritt mit der geistigen Entwickelung eines Volkes; denn um die Schönheit der Natur voll zu würdigen, ist eine künstlerische Bildung erforderlich. Goethe (Winckelmann, Abschn. „Schönheit" ed. Kurz XI 429) spricht sich dahin aus, dass wir die Schönheit erst aus den Werken der bildenden Kunst lernen, „um sie an den Gebilden der lebendigen Natur gewahr zu werden und zu schätzen." Wir weisen hierbei auf unsere früheren Ausführungen hin, dass alle Naturschönheit erst ein Erzeugnis des betrachtenden Subjekts ist, dass die Anregung zu dieser Schöpfung der geschaute Gegenstand giebt, welchen die menschliche Seele in sich als Bild aufnimmt und idealisiert zur reinen Schönheit, indem sie alles Störende beseitigt und das der Idee Förderliche veredelt.

So lange sich dieser Prozess auf die Einzelerscheinung beschränkt, ist er verhältnismässig einfach. Eine ganze Landschaft aber zur Idee der Schönheit zu erweitern, zu einem darstellungsfähigen Kunstobjekte umzubilden, ist nur einem eingehenden Kunststudium, einem ästhetisch geläuterten Geschmack möglich.

Es muss zunächst eine Befreiung von der Einzelerscheinung insofern stattfinden, als sie nur ein Glied des Ganzen bilden darf, gleichgültig, ob sie der unorganischen, vegetabilischen, tierischen oder menschlichen Natur angehört. Dieser freie Blick auf das G a n z e muss ferner von einem einheitlichen Gesichtspunkt ausgehen. Bei der Landschaftsmalerei ist es der Augenpunkt, der allerdings bei der poetischen Darstellung nicht so unbedingt festzuliegen braucht, weil Dichter, und mit ihm die Phantasie seiner Hörer, den Platz der Betrachtung, etwa auf einem vorgegebenen Spaziergange oder einer Reise, wechseln kann. Wir werden jedoch an Beispielen sehen, dass es immerhin ein Fehler der Dichtung ist, wenn dieser Aussichtspunkt willkürlich verlegt wird, wenn wir z. B. mit einem Helden an dem Ufer eines Wassers stehen und weit drüben an dem entgegengesetzten Rande uns an dem tiefen Grün eines Waldes erfreuen, dann plötzlich dadurch in diesen Wald selbst hineinversetzt werden, dass von den einzelnen Bäumen, von den Vögeln in den Zweigen, den Tieren, die dort hausen, erzählt wird. Es gehört zu jeder Darstellung einer Landschaft eine gewisse Komposition, Zusammenfassung in einen gemeinschaftlichen Rahmen, Perspektive und Unterdrückung der Einzelerscheinung zu Gunsten des Ganzen, unbeschadet der besonderen Grenzen jeder Kunst, die bekanntlich für die bildende in dem Coexistierenden, für die redende Kunst in dem Successiven festgelegt worden sind.

I. Die Landschaft in der Lyrik.

So lange die Landschaft nicht selbst ausschliesslicher Gegenstand der Dichtung ist, spielt sie naturgemäss in der Lyrik nur eine sehr bescheidene Rolle, besonders wenn sie nur in der Angabe des Ortes besteht, an dem sich die zu erzählende Begebenheit vollzieht. Wir haben es in letzterem Falle mit der Lyrik mehr objektiven Inhalts zu thun, welche sich der epischen Dichtungsart nähert und die bei den Altfranzosen vorzugsweise durch die Romanzen und Pastourellen vertreten ist.

Am häufigsten werden wir zu Anfang des Gedichtes in einen Garten geführt, dessen Schönheit gewöhnlich durch eine Quelle erhöht wird: *En un vergier lez une fontenele, Dont clere est l'onde et blanche la gravele Siet fille a roi* ..... Bartsch I 9. *An un florit vergier jolit L'autre jor m'en entroie* eb. I 35. vgl. ferner I 54; 55; 57; 58, 30; 61; 73; II 75. Wackern. 3.

An die Stelle von *vergier* tritt *jardin* I 34: — *antrai an un biau jardin* vgl. noch I 30ª; 53ᵇ; II 75; 79 etc.

Ebenso oft findet sich eine schöne Wiese: *En un petit praielel vert et flori de novel* I 40. *En un vert pre* I 48; *Es pres desous l'arbroie* I 60; *Dales un pre verdoiant* I 67; *En un pre flori* II 112; III 50. Weitere Ortsangaben, die das Zusammentreffen des Sängers und der Dame oder Schäferin vermitteln sollen, sind: *Les un aunoi* II 48; *Leis un bois* II 46; *Leis un gal foilli* I 45; *Au pie d'un mont* .... *en un prael* I 46, 2; *Dejoste une arbroie pres d'un vergier* I 49; *En un destour* I 50; *Lonc un buisson* II 10; *Lez un bruel* II 18; *les le brueill* III 18; *lez une saucoie.*

Ferner wird gern als Aufenthaltsort in den Liedern die *fontaine* oder *fontenele* bezeichnet, vgl. Bartsch I 63; 70; II 3; 65; 66; 101; 116; III 27; 41; 50.

Ueberhaupt scheint das Wasser auch damals nicht seine zauberische Anziehungskraft auf die menschliche Seele verfehlt zu haben; denn man reitet gern das Ufer der Flüsse entlang vgl. I 68; III 21 oder am Bach III 19; man scheint auch schon am Meeresufer geträumt zu haben. Der Dichter der Liebesgeschichte von Oriolanz und Helier schliesst: *Ne sai que plus vos en devis. Ensi avengne a toz amis. Et je, qui ceste chancon fis Sor la rive de mer pansis, Comanz a deu bele Aelis.* I 10. vgl. auch das volkstümliche Liedchen I 20, dessen Strophen beginnen mit: *Trois sereurs, seur rive mer Chantent cler.*

Dann wird der Schauplatz dadurch näher eingeschränkt, dass die Person gewöhnlich unter einem Baume sitzt, und zwar wählt man bald den Oel- oder Lorbeerbaum des Südens, bald die Fichte des Nordens: *olivier* I 28; 57; *olive* II 116; *lorier* II 40; *pin* I 29; II 12, 89; 99; III 19; *ormel* II 73, 13; *aiglent* I 58, 31; *aiglentier* I 61, 3; *abe espin* II 4 oder *abespin* II 42, 4.

Oft genügt dem Dichter auch *voz* (lies *soz*) *une ramee* I 9, 34; *arbre rame* III 50; *ente florie* II 13, 8; auch bloss *desouz une ante* II 76, 3 oder *soz un arbroisel* I 27.

Seltsam, und wohl nur dem Reime zuzuschreiben, ist, dass die Schäferin *dejouste un glai* sitzt II 113, 5; wie der Dichter aber *Mariete souz un glai foilli* II 112, 6 finden kann, ist nicht recht verständlich (vgl. auch *en l'ombre d'un rozier* I 70).

Wir wollen hier gleich einschalten, dass der Baum im Epos in ganz gleicher Weise formelhaft verwendet ist. Befindet sich eine Person im Walde, so ist natürlich, dass sie sitzt *desous l'arbre foilli* Aiol 5063; *sont arresté desous un olivier* Berte 592. Aber auch sonst geschieht das Zusammentreffen im Freien gewöhnlich unter einem Baume. In der Wiese sitzt *Lubias soz le pin*, Amis 486 und dies scheint ihr Lieblingsplatz zu sein, wenn man die Worte des Amis an Amiles v. 1065 so ernst nehmen will: *Lubias soz le pin trouverez.* Clarmondine sitzt *souz une aube espine* Cléom. 6669 vgl. Fl. 1352 u. a.

Wenn ein Ritter vom Pferde steigt, so geschieht dies gleichfalls gewöhnlich unter einem Baume; zunächst wohl deshalb, weil der Perron vor dem Palais diesem Zwecke diente und von einem oder mehreren Bäumen beschattet war: *Descenduz est au perron soz l'olive,* Amis 293; Jourd. 602; Ren. 98. 19; *Est descendus desoz un olivier,* Amis 1369; Ren. 77. 7; am beliebtesten ist *desoz un pin,* Amis 1385; 1734; Jourd. 41; Ren. 78, 15: 84, 20; 89, 15; 92. 2; 124, 20; 133, 36; 224, 25; 249. 18; 299, 32; 319, 15. Schon der Roland zeigt solche Formeln: *Chevalchet soz une olive halte* 366; *descendent suz un if* 406; *suz un olive* 2571. Gefallene Helden liegen *desoz un olivier,* Amis 388; der sterbende Roland sucht sich ein Plätzchen *desoz „dous" arbres bels* 2267.

Nahe liegt es auch, dass man ein Zelt errichtet *desos .I. olivier* Ren. 58, 7 und der *faldestoel* Karls steht des Schattens wegen *desuz un pin, delez un églentier* Rol. 114; *suz l'umbre d'un pin* eb. 407; der des Amiral *suz un lorier* 2651.

Mit dem Verbum *(re)garder* verbindet sich formelhaft die gleiche Wendung; denn um aufmerksam zu beobachten, hält man an und dies geschieht unter dem Baume: *Devant lui garde desoz un olivier Et voit jesir douz barons chevaliers.* Amis 388. *L'empercre regarde desoz .I. olivier* und sieht Montalban Ren. 115. 11. Ebenso nichtssagend ist: *Il la prist par le poin desoz un olivier.* K. R. 7.

Diese Formeln finden sich vorzugsweise im volkstümlichen Epos und haben in manchen Werken, wie es aus den zahlreichen Citaten des Renaut ersichtlich ist, eine erschreckende Ausbreitung gewonnen.

Da nun der Baum meistens des Schattens wegen aufgesucht wird, so hat sich als weitere erstarrte Wendung festgesetzt: *desouz l'onbre d'une ente* Bartsch II. 28; *soz l'onbre d'un olivier; desos l'ombre d'une aube espin.* II 57. 5. Im Rol. fanden wir *suz l'umbre d'un pin* 407. König Hugo *vient a Charlemaigne desoz l'ombre d'une ente* K. R. 795. Lubias geht dem Ritter entgegen *desoz l'ombre d'un pin* Amis 1121. Aehnlich: *venu sont a Elie desous l'onbre d'un lor.* Elie 475. Man darf darnach wohl behaupten, dass *suz l'umbre d'un pin* gleichbedeutend ist mit *suz un pin.* Dafür spricht auch die gedankenlose Verwendung der Phrase im Elie 1333, wo trotz der dunkelen Nacht (vgl. v. 1322), welche den schwer verwundeten Elie den Sarazenen verbirgt, der junge Held der brennenden Schmerzen wegen siebenmal in Ohnmacht fällt *sous l'onbre d'un pumier!* Solche nachlässige, geistlose Verwertung dieser Formeln ist ein charakteristisches Zeugnis dafür, dass die meisten Sänger das landschaftliche Beiwerk als bedeutungslose Nebensache, als bequemen Reimapparat betrachten.

Im Besonderen zeigen unsere Beispiele für die Verwendung des Landschaftlichen in den Rom. u. Past., dass dabei das konventionelle Festhalten an eine bestimmte Dekoration eine keineswegs vorteilhafte Rolle spielt. Wir können aus der vorzugsweisen Anwendung des Gartens oder der Quelle nur die Schlüsse ziehen, dass man eben für diese Oertlichkeiten eine besondere Vorliebe gehabt hat. Niemals finden wir aber, dass ein Dichter seinen subjektiven Empfindungen bei Betrachtung einer Landschaft nachgegangen oder sie zum Ausdruck gebracht hätte. Dies geschieht nur dann, wenn, wie wir früher gesehen haben, bei der grossen Umgestaltung der Natur zur Frühlings- oder Herbstzeit die Sinne und damit die Phantasie einen besonders starken Reiz erleiden. Einen Matthison gab es damals noch nicht.

II. Die Landschaft im Epos als Schauplatz der Handlung.

Wichtiger sind die Ortsangaben für das Epos. Jede That braucht einen Schauplatz. Fahrt, Fusswanderung, Ueberfall, Einzelkampf, Schlacht u. s. w. nehmen je nach der Oertlichkeit einen wesentlich verschiedenen Charakter an. Man kann eine bestimmtere Anschauung davon nicht gewinnen, wenn nicht auch der Boden, auf dem sie sich vollziehen, dazu ein bedeutsames Element gäbe. Daher rührt denn auch das Bestreben des Dichters, bei Aufnahme einer Schilderung, bei einem Rückblick namentlich, oder bei einer Zusammenfassung des Erzählten, wie wir dergleichen bei der Einleitung von Laissen finden, den Schauplatz, wenn auch noch so kurz, anzudeuten. Unzweifelhaft wird das Bild anschaulicher, wenn sich an: *Li tornois fu mult grans devant les paveillons* Ren. 65, 12 der folgende Vers schliesst: *La praerie est grande, les esclais orent lons.* Jetzt erst gewinnt unsere Phantasie einen festen Boden und kann nun über die weite Fläche, welche von Kämpfenden bedeckt ist, schweifen. Es findet sich in diesem Gedichte noch öfter ähnliche gedrungene Ortsangaben vgl 78, 2: *La praerie est jante et la rivière est grant; Là sunt nostre François desi à l'ajornant.* Sie erinnern an die Schlichtheit des Rolandsliedes, das ganz ebenso verfährt: Die Heere erwarten den Kampf: *Grant est la plaigne e large la cuntree* v. 3305.

Diese Art der Landschaftsschilderung, welche sich vorzugsweise in den volkstümlichen Epen findet, schliesst in den Vorzug, kurz ohne unzureichend zu sein, noch den ein, dass sie nicht von dem eigentlichen Gegenstande der Dichtnng ablenkt. Sie würde auch dadurch, dass sie der Phantasie den weitesten Spielraum lässt, nie ihre poetische Wirkung verfehlen, wenn sie nicht wiederum durch ein formelhaftes Auftreten ermüdete. Es erhellt daraus recht deutlich, dass, wie um die Handlung der Nebel der Mythe, des Abenteuerlichen, Uebernatürlichen schwebt, so auch die Landschaft nur ein dunkles Produkt der Phantasie ist, auf das man als etwas Nebensächliches, Unbedeutendes, keine Sorgfalt verwendet. Darum vermissen wir meist die Anschaulichkeit, welche auch in der Kürze vorhanden sein kann. Eintönige formelhafte Anführung von Berg und Tal, Fels und Schlucht, Wald, Wiese, Quelle, Fluss und Bach, Baum und Strauch, Garten und Haide ist meist das Wesen der afz. Landschaftsschilderung. Ein paar Beispiele: *A l'issue del bos pres del chemin En l'ombre d'un lorrier grant et foilli Sor l'erbe se gisoit uns pelerins.* Aiol 1533.

Aiol muss wegen seines unverträglichen Pferdes abseits von seinen Genossen lagern: *Grans .IIII. pars del bos est trespasses, Trova une fontaine, li rius est clers, A pie est descendus el bos rame,* Aiol 4930. Aiol reitet den ganzen Tag: *Aiols li fieus Elie sor destre regarda, Entre .I. bos et un pre que li frans hom trova Deioste la forest droitement regarda Et vit une maison, u VII larons trova* 5704. *La vile trovent gaste, u durent herbergier, El chief d'une montainge les .I. desrube fier; Desous ot .I. praiel et .I. large vivier.* eb. 6123.

Renaut macht Roland den Vorschlag, sich in ein abgelegenes Tal zurückzuziehen, um ungestört kämpfen zu können: *Si passons la rivière de desos Balençon, El bois de la Sarpente à autir sunt li mont, La valée parfonde et li brueillet reont; Là nos porrons combatre et ferir à bandon.* Ren. 244,4.

Kann man sich immerhin bei den angeführten Beispielen noch eine ausreichende Vorstellung von der Oertlichkeit bilden, so fehlt doch an anderer Stelle, wenn auch in kleineren Strichen gezeichnet wird, die Anschaulichkeit: (Maugis) *vit .I. viez hermitage De desor une roce ki fu de tanz d'aaige. Par devant ot un pont et terre gaaignage. Droit au pié de la porte, par devers le paraige, Sort une fontenele au pié d'une calage.* Ren. 331, 10.

Auch Crestien legt keinen Werth auf die Landschaft. Seine Schilderungen sind meist knapp und sachlich: Erec erreicht die Riesen *Entre deux bois en une lande* Erec 4383. Yvain und die Dame *s'an vont, Tant que il vindrent a .I. pont, Don l'eve estoit roide et bruianz.* Chev. 3081. *Li chastiaus sist an un pui haut Et par desoz li cort Tamise.* Clig. 1256. *Li dui anperor cheminent Jusque a Reneborc ne finent, Et furent par une respree Logié sor Dunoe an la pree, Li Grejois furent an lor trez Delez Noire Forest es prez. De l'autre part logié estoient Li Seisne qui les esgardoient.* Clig. 3395. *Cligés covient a avaler Un grant val antre deus montaignes.* Clig. 3678. *Tant ont alé et chevauchié Qu'il vindrent en un pré fauchié. Au desbochier d'un plaisseiz Troverent un pont torneiz Par devant une haute tor, Qui close estoit de mur entor Et de fossé lé et parfont.* Erec 3651. vgl. auch Perc. 1155 ff.

Aber man kann bei Crestien doch schon den individuell beobachtenden Dichter bemerken, welcher auch die Landschaft zum Gegenstand eigenartiger Anschauung macht. Wir denken dabei an eine Stelle aus Perc., wo der junge Held das Schloss findet, in dem er bei dem freundlichen *preudhomme* den Gebrauch der Waffen lernt. Er reitet durch den Wald, kommt über ein grünes Gefilde zu einem breiten, tiefen und schwarzen Flusse, der reissender als die Loire ist. Darum wagt er sich nicht auf das Wasser, sondern reitet das Ufer entlang; jenseits zieht sich ein Felsen hin, an dessen Fuss das Wasser schlägt. Auf einem Abhange dieses Felsens, der zum Meere abfällt, steht ein reiches, festes Schloss, und als das Wasser ein Knie macht *(Si com l'eve aloit au regort): Torna li varlés a senestre Et vit les tours du castel nestre, K'avis li fu K'eles naissoient Et ke fors de la roce issoient.* 2516.

Man findet selten eine derartige landschaftliche Beobachtung so klar und hübsch ausgesprochen; freilich wiederholen sich auch bei Crestien diese Ortsschilderungen. Perc. 8584 ist ganz ähnlich der eben angeführten, und wir begegnen auch solchen in dem gewöhnlichen Stile des volkstümlichen Epos, nach denen man sich schwer eine Vorstellung von der Gegend machen kann, die auch sicher nicht dem Dichter als Landschaft vorgeschwebt haben. Im Clig. 1735 wird uns eine Schlacht geschildert: *Li un delez le bois se tindrent, Li autre la riviere vindrent, Li tierz se mistrent an le gal Et li quart furent an un val, Et la quinte bataille broche Lez la tranchiee d'une roche, Qu'il se cuidoient de randon Parmi les trez metre a bandon.*

Dem Dichter lag nur daran uns möglichst lebendig das Wogen und die Ausbreitung des Kampfes vorzuführen, indem er die streitenden Parteien vereinzelte und über die Landschaft verteilte.

Adenet macht sich die Landschaftsschilderung meistens sehr leicht. Man verg..iche folgende Stellen: *Car de paiens ert si grans la compaigne Que plaine en ert mainte grande champaigne, Mainte costiere, mains vaus, mainte montaigne.* Enf. Og. 5617.

Cléomadès tant esploita Seur son cheval, et tant erra, Qu' il vit de la terre d'Espaigne Maint val et mainte grant montaigne. Cléom. 4035 oder eb. 6500: *Seur le cheval allèrent tant, Ainsi que j'ai oï conter, C'une vile qui siet sus mer Virent, en une grant valée, Qui ore est Salerne apelée. Maint val virent et maint grant mont.*

Wie platt ist folgende Ortsschilderung: Als der Tag sich neigt, flieht Berte in den tiefen Wald: *En un lieu que bestailles orent fait et estruit, Arbrissiaus i avoit ne sai ou set ou huit!* Berte 906.

Besonders mangelhaft sind die Ortsangaben, wenn sie am Anfang von Laissen stehen, um als Ueberleitung zu dienen, oder den Hörer im Zusammenhang halten sollen. Es finden sich hier meist eintönige Wendungen, wie: *Or sont li conte en mi le pre assiz,* Amis 184. Die nächste Laisse beginnt: *Or sont li conte andui assiz sor l'erbe* 199. *Or fu Aiols li enfes enmi le prec, Et le .IIII. paien les le ramee.* Aiol 696.

Buev. 110 erfahren wir, dass auf einer Wiese am Flusse ein Kampfspiel aufgeführt wird. Am Anfang der folgenden Laisse wird an diesen Ort erinnert: *Es prés devant Narbonne sont Franc à la quintaine.* Buev. 134. und noch v. 158: *Seur la riviere d'Aude en un herbu sablon .....* Der v. 142 giebt wiederum an: *La quintaine ert fermée en une verde avaine;* v. 409 endlich heisst es: *Encor estoit Guillaume ou pré lez la bruiere.* Vergleicht man die bisherigen Bezeichnungen des Ortes, wo die Ritter erst die Waffenspiele aufführten und dann die Schlacht stattfand, so kommen immer neue Bestimmungen hinzu, welche den Charakter des Platzes verändern nnd den Verdacht erwecken, dass der Verfsser willkürlich, dem Verse zu Liebe, mit der Landschaftsdekoration spielt. Von *bruiere* war bisher keine Rede. Solche Oberflächlichkeiten sind gerade bei Adenet öfter nachzuweisen. Man vergleiche folgende Stellen aus Berte: 957: *ou bois se va lancier En une drue espine s'est alée mucier.* 978: *En un moult divers lieu d'encoste une bruiere Ens ou pendant d'un tertre, delez une riviere, Dort la roïne Berte .....* und 1006: *De paine et de travail dort si fort et si dur, Desouz un arbrisel lez un viez petit mur* — Wo kommt plötzlich die Mauer her? Zuerst befindet sich die Königin in einem Dornbusch oder Dickicht, dann an einem Bergabhang neben einem Flusse! Und diese Bestimmungen müssen alle auf denselben Ort bezogen werden, da Berte inzwischen nicht ihren Platz gewechselt hat.

Nur noch ein Beispiel aus Buev.: Malatrie ist mit Limbanor unter einem *olivier* am Ufer der Sore. Gerart reitet aus dem Schloss und wird von ihnen gesehen *(parmi ces prés 2509).* Limbanor kommt ihm entgegen: *Droit vers Gerart s'en va sor Sore lés uns gués.* 2534. Nachdem dann Gerart den Heiden besiegt, ins Wasser geworfen (*Dedens l'aigue de Sore, droit delés un ormel!* 2623) und wieder grossmütig gerettet hat, geht er zu Malatrie, die Zeugin des Kampfes war und ihrem Sitze nach sein musste: — — *s'en torne le pendant d'un vaucel; Le cheval en sa main, qui plains fu de revel, Vint droit a Malatrie* 2650. In der nächsten Laisse heisst es dagegen wieder: *Tout droit à Malatrie s'en vint par la praele; Souz l'olivier la trueve près de la fontenele* 2654. Und dass Gerart (resp. der Dichter) später sich nicht mehr des Ortes erinnert, zeigt v. 335 f.: *Volentiers reverroie la très douce prison Où mes cuers demora l'autrier lés le buisson.*

Sollte Malatrie einen freien Blick über die Wiesen haben bis zum Schlosse hin, so konnte sie nicht in der Tiefe eines Tales sitzen, wo Gerart sie aufsucht; zum mindesten aber erscheinen alle diese Angaben auf's Geratewohl gemacht.

Viel Wert legen die Epen dagegen auf die Beschreibung der festen Lage einer Burg; aber auch hier weichen sie nur wenig von einander ab. In der Regel liegt die Burg auf einem Felsen und ist besonders durch Wasser, teils Fluss oder Sumpf, teils künstliche Anlagen, gesichert. Selten fehlen die *praeries,* der *jardin* und *vergier;* die Fruchtbarkeit der angrenzenden Felder wird gerühmt; die Mauern, oft aus Marmor aufgeführt, trotzen allen Angriffen, der Turm ragt weit hervor und leuchtet im Sonnenschein, ebenso erglänzen die *palais,* zu deren Ausschmückung Bildhauerkunst und Malerei beitragen, kurz, so viel Vorzüge sind immer anzuführen, dass der Dichter oft auf vollständige Beschreibung verzichten muss. vgl. Ren. 6. 1 ff.

Da der Wert einer Besitzung nach den Hauptgesichtspunkten beurteilt wird: natürliche Befestigung neben der Möglichkeit, in der Nähe den Lebensbedarf zu finden und sich in der freien Natur zu erholen, so genügt es auch, eine stattliche Burg mit zwei Versen zu rühmen: *La roce en est mult haute, mult i a fort castel La vile est aaisie de bois et de prael.* Ren. 144, 28 oder noch einfacher: *Urrake i a monlt buen castel, Et bien assis et fort et bel.* Part. 6179. Dieses Kastell ist besonders bemerkenswert, weil es auf einer kleinen Insel liegt, die nur einen einzigen Eingang hat, also doppelt befestigt und ganz uneinnehmbar ist.

Die Rücksicht auf eine natürliche feste Lage leitet ausschliesslich die Aymonskinder bei der Wahl des Ortes, wo sie ihre Burg erbauen wollen: *Lés l'eve de Garone se sunt aceminé, Si qu'il virent le flot dedens Gironde entré: El regort de .II. eves ont un liu esgardé, Une montaigne haute et un tertre quaré; Desor est grant et haute, car il i ont monté.* Diesen Platz wählen sie.

Sehr summarisch schildert Crestien das Schloss Carrant, wo Erec's Vater weilt: *Onques nuns mieuz seant ne vit De forez et de praeries, De vignes (et) de g[a]aingeries, De rivieres et de vergiers* . . . . Erec 2308 oder Adenet: *Cléomadès vit I chastel En coste I plain, tres fort et bel, Où il ot mainte bele tour; Bos et rivieres vit entour, Vignes et praeries grans. Moult fu li chastiaus bien seans.* 2761. vgl. noch Perc. 8029; Part. 949; Durm. 4307; 5585; 6186 und die Beschreibung der Stadt Limeri vv. 10803 ff., 10866 ff. und 10913, eine Schilderung, die durch ihre Klarheit und ihr sachgemässes Verfahren vor vielen ähnlichen sich auszeichnet.

Keineswegs haben sich also die alten Franzosen selbst in einen festen, von undurchdringlichen Mauern, Gräben und Wällen umzogenen Kerker gebannt. Immer noch boten die zum Schlosse gehörigen Gärten und Wiesen einen beliebten Erholungsaufenthalt.

Man hat jedoch auch Schlösser angelegt, die nur der Erholung gewidmet waren und daher ohne umständliche Befestigung blieben. Dazu scheint das Schloss des Chatelain de Couci gehört zu haben (vgl. G. Paris, Rom. VIII S. 352). Brunetto Latini berichtet in seinem Trésor, dass die Italiener, welche sich beständig unter einander bekriegen, in dem flachen Lande nur Häuser mit allen Vorsichtsmassregeln des kriegerischen Schutzes bauen. *„Mais les Français bâtissent des maisons spacieuses, commodes et partagées en chambres, pour s'y amuser et divertir sans guerre et sans bruit. Ils se plaisent davantage à faire préaux et vergers, à planter pommiers et autres arbres autour de leur habitation, ce qui est une chose très-propre à la récréation des gens.* (Hist. litt. XX S. 296.)

So verallgemeinert darf dies freilich nicht werden; denn wir sahen, dass bei einer Burg wohl in erster Linie die Sicherheit in Frage kam. Aber es wird uns auch andererseits berichtet, dass die alten fränkischen Könige sich Lusthäuser angelegt haben. Es ist ein Gedicht von Fortunat, Bischof von Poitiers, erhalten, das die Gärten des Königs Childebert preist, und Karl der Grosse soll zu Ingelheim ein prächtiges Schloss besessen haben, welches von Gärten umgeben war (vgl. Mangin, Les Jardins. Hist. et Descript. Tours 1867. p. 66, 69 u. 71). Die Unentbehrlichkeit des Gartens wird auch dadurch bedingt, dass bei grossen Versammlungen naturgemäss die

Räume des Schlosses nicht ausreichten. Die Beratungen werden im Rol. stets im *vergier* abgehalten. vgl. vv. 10; 103; 501 auch

Ueberhaupt ist der Garten ein stehendes Requisit in der Landschaft der afz. Epen. Man macht nach der Frühmesse einen Spaziergang im Garten Amis 233; Cléom. 5049; er war die Freude der Kinder (Fl. et Bl. 237 ff.); man sucht ihn auf, weil man dort ungestört plaudern kann (Part. 6315); im jardin werden Festmahlzeiten abgehalten (Berte 46); den Jungfrauen besonders war er ein lieber Platz, wo sie gerne weilten und Blumen pflückten (Elie 1406); dort sucht man die geliebte Person auf (M. de Fr. Milun 49); Amis 3427; Jourd. 1570 u. 1684: Der König Marques weigert dem Jourdain den Kampf mit dem Sarazenen Sortin; traurig geht er von dannen: *El vergier entre soz un aubre s'assist, Dont se demente com uns autres chaitis.* Hier findet ihn Oriabel wieder und verspricht ihm Waffen. Part. 2364.

Der schwer verwundete Elie wird von Galopin in einen Garten gebracht: *Li doi baron s'en tornent, nes porent soffrir mie, Ains passent d'un vivier les fosses et li rive, Les une barbacane, les une roche antive, La trovent .I. vergier qui fu tous fais d'olive Et s'ot mout riches arbres qui sont de mainte guise. Et li vergiers fu iouenes et li ante florie, Et la nuis fu oscure, dieus le caut, nostre sire.* (Daher können die Sarazenen Elie und Galopin nicht entdecken) Elie 1316.

Es ist überflüssig und unmöglich, die zahlreichen Stellen anzuführen, wo der Dichter die Handlung in den *vergier* oder *jardin* verlegt; vgl. etwa noch Aiol 5228; Amis 590; Ren. 95. 29.

Interessant sind nur noch die Schilderungen des Gartens an sich. Eine strenge Scheidung von *jardin* und *vergier* ist nicht durchführbar. Der *vergier* besteht aus Bäumen der verschiedensten Art (*de cipres et de pins et de loriers menus.* Aiol 5230).

Besonders reich ist in dieser Beziehung der Garten im Rom. de la Rose 1355 ff.: *Ou vergier ot arbres domesches, Qui chargoient et coins et pesches, Chastaignes, nois, pommes et poires, Nefles, prunes blanches et noires, Cerises fresches vermeilletes, Carmes, alies et noisetes. De haus loriers et de baus pins Refu tous puéplés li jardins, Et d'oliviers et de ciprès, Dont il n'a gaires ici près; Ormes i ot branchus et fos, Codres, droites, trembles et chesnes, Erables, haus sapins et fresnes.*

Gleichartige Baumanpflanzungen wie im *vergier* befinden sich auch im *jardin.* vgl. für letzeren noch Cléom. 5438 und das Lai de la Pastorele. Bartsch I 79. Wie im *jardin* wachsen auch im *vergier* alle Arten Blumen (Fl. et Bl. 237) und *fontaines i avoit plenté* Buev. 2318, Part. 6189. ferner kann sich darin eine *lande* (*plus d'un arpent fu large et grande.* Durm. 4532) befinden; daher kann man darin selbst das Vieh weiden lassen (Bartsch II 28; 113).

Ein Umstand tritt bei all diesen Gartenschilderungen nicht vorteilhaft hervor: man ist nie auf eine harmonische Gesamtwirkung, sondern nur auf den Reichtum an Gewächsarten und auf die Grösse bedacht.

Aus den Versen: *L'autre jour en un jardin M'en aloie esbanoiant: Un poi, defors un vergier Trovai tousete seant.* Bartsch

I 75, könnte man herauslesen, dass *jardin* und *vergier* neben einander bestanden, oder auch, dass der *vergier* einen Teil des *jardin* ausmachte. Dann musste ein Unterschied bestehen, der aber nicht von den Dichtern innegehalten wurde. Auch die rein äussere Unterscheidung, dass der *jardin* stets eingehegt war, während der *vergier* freien Zugang gewährte, trifft nicht immer zu. Sicher nicht mehr im Rom. de la Rose, wie folgende Stellen lehren: *Quant j'oi un poi avant alé, Si vi un vergier grant et lé, Tot clos d'un haut mur bataillié, Portrait defors et entaillié A maintes riches escritures*, 129. *Haut fu li mur et tous quarrés, Si en fu bien clos et barrés, En leu de haies, uns vergiers, Où onc n'avoit entré bergiers*, 467.

Vergebens bemüht sich der Dichter, in den *vergier* zu gelangen: *Tant qu'au darrenier me sovint C'onques à nul jor ce n'avint Qu'en si biau vergier n'éust uis, Ou eschiele, ou aucun pertuis.*

Als der Dichter *Oiseux*, welche ihm die Tür des *vergier* öffnet, nach Namen und Stand fragt, antwortet sie unter anderem: *Privée sui moult et acointe De Deduit le mignot, le cointe: C'est cil cui est cil biax* *jardins*, *Qui de la terre as Sarradins Fist ça ces arbres aporter, Qu'il fist par ce* *vergier* *planter.*

Ebenso wird der Garten durch *vergier* bezeichnet: 629, 637, 646, 694, 700, 1295, 1311, 1327, 1331, 1331.

Auch durch Rich. li Biaus wird unsere Ansicht bestätigt: *Un vregier fist faire li rois, — Jamais en si tres biel n'irois — Haus murs a fait tout en tour faire C'on ne li fache aucun contraire* 189 ff.

Auch Aiol 5231 führt zum *vergier* eine Tür.

Andererseits kann wieder das vorher angeführte Beispiel aus dem Rosenroman 1355 ff. für die Scheidung von *jardin* und *vergier* sprechen; die Dichter verhalten sich jedoch dem gegenüber gleichgültig. —

Die Gärten des Morgenlandes streifen in ihrer Pracht und Mannigfaltigkeit an das Wunderbare vgl. die Beschreibung des Gartens, den der Amiral besitzt Fl. 1713. Der höfische Roman hat sich die Schilderungen der Kreuzfahrer zu eigen gemacht und erzählt gern von Wundergärten mit merkwürdigen Früchten, Blumen, Vögeln, Kräutern und Wurzeln (vgl. Erec 5691—5716). Diese Liebhaberei hat sich, ins Praktische übersetzt, bis in die späteste Zeit erhalten. Man stattete Gärten und Schlösser mit phantastischen Wunderdingen aus; durch mechanische Vorrichtungen wurden die Besucher mit allem möglichen Spuk erschreckt und gepeinigt. Das Schloss Philipps des Guten in Hesdin, welches 1553 zerstört wurde, war berühmt in dieser Beziehung (vgl. Mangin 78). Es liegt darin eine Ausartung des Geschmacks, welche ein gesundes Naturgefühl ersticken muss.

Bei der Liebe zu den Gärten ist es erklärlich, dass man ihnen viel Pflege angedeihen liess und auch die Eigenart der Gewächse beobachtete. So gab es denn zu unserer Zeit schon tüchtige Gärtner, die künstlich auf das Wachstum der Pflanzen einzuwirken gewusst haben. Es geht dies auch aus einer Stelle des Cligés hervor, wo Fenice's Lieblingsplätzchen geschildert wird: eine Laube, die dadurch gebildet ist, dass die Aeste eines Baumes zur Erde führen und ein sicheres Dach bilden, durch welches kein Sonnenstrahl, selbst nicht zur Mittagszeit, dringt. Dies hat der treue Jehan zu Wege gebracht.

Man scheint auch den Kirchhöfen schon durch Anpflanzungen das trostlose Aussehen genommen zu haben. Cligés will über die hohe Mauer, mit welcher die Grabstätte umgeben ist; ein Baum, der dicht an der Mauer steht, kommt ihm dabei zu Hülfe, nämlich: *La dedanz estoit uns vergiers, S'i avoit arbres a planté.* Clig. 6194.

Dass ein Garten als schönster Aufenthalt empfunden wird, ist ein gemein menschlicher Zug. Das Paradies schildert die Bibel als Garten und alle antiken Mythologieen weisen den Seelen als endliche Heimstätte Gärten und blühende Gefilde an (vgl. Mangin S. 11). Diese Vorstellung findet ihren Ausdruck auch in Fl. u. Bl. 777. Der Jüngling will sterben, weil er Blanceflor tot glaubt: *M'ame la m'amie sivra; En camp-flori la trovera, Ou el queut encontre moi flors.* Seine Mutter aber entwindet ihm den Dolch und belehrt ihn: *Se vous ensi vous ocïez, En camp-flori ja n'entrerez Ne vous ne verrez Blanceflor. Cil cans ne recoit pechcor.* 813.

Die Stelle des Gartens nimmt zuweilen ein praelet ein, welches in ähnlicher Weise gepriesen wird. Von der schönen Jungfrau sagt Qualogrenant: *Et ele me mena seoir El plus bel praelet del monde Clos de bas mur a la reonde.* Chev. 236 oder Cléom. 3303: *Si entra en I praëlet Moult gent et moult noble et moult net, Où ot mainte diverse flour, Qui getoient très bonne odour, Là s'est Cléomadès assis, D'amours alumés et espris.*

Hier findet sich auch Clarmondine mit ihren Jungfrauen zum Stelldichein ein. Das Zimmer der ersteren geht auf das *praël* hinaus, und in der Nacht bleiben zur Sommerszeit Thüren und Fenster offen: *Pour avoir l'air dou praël vert* und *la très douce odour Qui des fleurs dou praël venoit.* Cléom. 4578 ff. vgl. noch 13463 und Durm 5227.

Meistens findet sich auch dort, wie im Garten, *une fontaine: A iceste parolle entrerent en .I. prei, Trevent une fontaine sous .I. arbre rame* Aiol 5443. vgl. Cléom. 14215; Durm. 3056.

Neben dem Garten spielt der Wald als Schauplatz von Jagden, Reisen und Abenteuern die bedeutendste Rolle in den Epen. Man liebt ihn; es wird manches hübsche Waldbild entrollt, z. B. Perc. 1283: *Ce fu el tans c'arbre florissent Fuellent boscage, pré verdissent, Et cil oisel en lor latin Docement cantent au matin, Et tote riens de joie flame.* Da begiebt sich Perceval in den Wald: 1300 *Et maintenant li cuers del ventre Por le douc tans se resjooit, Et por les cans que il ooit. Des oisiaus qui joie faisoient; Toutes ces coses li plaisoient.* Er lässt sein Pferd im frischen Grase weiden und belustigt sich selbst durch Werfen des Wurfspiesses, bis er das Strauchwerk brechen hört und eine glänzende Schaar Ritter, ihm allerdings unbekannte Wesen, bemerkt.

Man preist die alte Zeit wegen ihres reichen Waldbestandes: *Baron, a icel tans dont vous m'oes conter N'estoient mie gens el siecle tel plente, Li castel ne les viles n'erent pas si puple Com il sont or endroit, ia mais le mesqueres, Mais les fores antives, li bos grant et rame Qui puis sont detrenchie, essilie et gaste.* Aiol 1699. (Förster ergänzt: nahmen den grössten Teil des Landes ein).

Es war natürlich, dass mit der Ausbreitung der Städte diese Zeugen einer heldenhaften, sagenumwehten Vergangenheit schwanden; aber man grollt dem Baumeister, dessen Axt unerbittlich die blühenden, früchtetragenden Bäume fällt, dessen Spaten das Erdreich aufwühlt, vgl. die von Gautier, Chevalerie 471 angeführte Stelle aus dem Chronicon Ghisnense et Adense de Lambert d'Ardres.

Hohe, starke Bäume machen die Schönheit des Waldes aus: *Si a une forest troeve Dont li arbre sunt gros et haut.* Durm. 10438. *En la bele forest où ot maint haut sapin.* Berte 1353.

Von alter Zeit her fanden bestimmte Bäume eine symbolische Verwertung. Im Rol. 93 sendet Marsilies Gesandte an Karl: *Enz en lur mains portent branches d'olive; Humilitet e pais ço senefiet.* auch Ren. 59,8: *Chascuns porte en sa main .I. rain de pin petit Ce fu senefiance de joie et de delit.*

Darum wollte man auch im Rol. ein charakterisierendes Hülfsmittel des Dichters darin sehen, dass er die Pinie immer in Verbindung mit Karl und seinen Helden nennt, die Olive den Sarazenen zuerteilt (vgl. Graevell, l. c. S. 20 f.) Das ist aber nicht immer zutreffend und wir sahen, wie sich später alle möglichen Bäume bedeutungslos in vielen stehenden Phrasen finden (vgl. S. 55 f.) Man hat sich einmal daran gewöhnt, *loriers* und *oliviers,* die namentlich in der Dichtung des südlichen Zweiges eine grosse Rolle spielen, und die man u. a. auch aus dem Rolandsliede her kannte, als beständiges Requisit der Landschaft zu verwenden neben Fichten, Eichen, Kastanien, Erlen etc. Daher kommt es auch, dass bei Schilderung eines Waldes mit den Baumarten willkürlich umgesprungen wird. Im Durm. 2993 setzt die Jungfrau im Walde, der als *grant forest sapine* 2843 bezeichnet war, ihren Sperber *sos* (lies *sor*) *la branche d'un olivier,* während Durmart sein Pferd an einen *lorier* bindet und sich dann unter einem *chane ramé* niederlässt. (vgl. dazu die Anm. Stengel's 2997.) Gleiches kann man weiter in Berte beobachten: die gedungenen Mörder halten mit der Königin im Walde *au desous un olivier* 592; später sitzt sie unter einer Buche *(fo)* 822, ein Lager bereitet sie sich aus *feuilles d'olivier* 936 und nach v. 1353 befindet sich im Wald *maint haul sapin.*

Man liebt den Wald; aber ihn wahrheits- und naturgemäss zu schildern, ist den Dichtern gleichgültig.

III. Reisen und Seefahrt.

Mannigfaltigere Landschaftsbilder, als wir bisher aufweisen konnten, sollten wir erwarten, wenn die Dichter von Land oder Seefahrten sprechen, welche ihre Helden unternehmen. Werfen wir zunächst einen Blick auf die Reiseschilderungen im Epos.

In der ältesten Fassung des Alexis aus dem XI. Jahrh. wird erzählt, dass der Heilige um Mitternacht flieht: *Donc vint edrant dreitement a la mer La nef est preste ou il deveit entrer: Donet son pris et enz est aloez. Drecent lor sigle, laisent corre par mer, La pristrent terre ou Deus lor volst doner.* 26.

Wir finden nur nackte Thatsachen, die so knapp, wie es für das Verständnis der Begebenheiten erforderlich ist, gehalten sind: *Dreit a Lalice, une citet molt bele, Iloc arivet sainement la nacele. Donc en eisit danz Alexis a terre* 17. *D'iloc alat en Alsis la citet* 18 a.

Weder hat der weltflüchtige Heilige ein Interesse für die ihn umgebende und sich verändernde Landschaft, noch mit ihm der Dichter.

Mit epischer Kürze, die zur That drängt, heisst es im Rol., als die Sarazenen vor den Streichen der Franken fliehen: 2460: *Paien s'en fuient, bien les encalcent Franc; El' Val-Tenebres, là les vunt ataignant; Vers Sarraguce les encalcent ‚ferant', A colps pleniers les en vunt ociant, Tolent lur veies e les chemins plus granz. L'ewe de Sebre (ele lur est devant) Mult est parfunde, merveilluse e curant; Il n'i ad barge ne drodmund ne caland. Paien recleiment „Mahum" e Tervagant etc.* Durch kein landschaftliches Beiwerk wird die Phantasie der Hörer aufgehalten, der schnellen Flucht der Heiden zu folgen.

Noch gedrängter ist die Schilderung, als es zur Schlacht geht: *Passent cez puis e cez roches plus haltes, Cez vals parfunz, cez destreiz anguisables: Issent des porz e de la tere guaste, Devers Espaigne sunt alet en la Marche; En mi un plain il unt pris lur estage* .... 3125.

Soll ein bestimmter Ort erreicht werden, so begnügt man sich mit der Angabe: *Tant chevalchièrent e veies e chemins Qu'en Sarraguce descendent suz un if.* 405.

Das sind auch ungefähr die drei Formen, in welchen Reiseschilderungen in den afz. Epen auftreten. Im Amis 315 wird die Rückkehr des Hardres geschildert: *Par son estrier a Hardres sus monte, Passe les terres et les amples regnes Et les chastiax, les bors et les citez, Jusqu' a Paris ne s'est pas arrestez.* Amis 315.

Ist auch der übrige Teil des Gedichts knapp erzählend gehalten, so liegt ein eigener Reiz in solchen gedrängten, einfachen Reisebeschreibungen. Man möchte darin etwas Dämonisches sehen. Die menschliche Gestalt wächst, neben ihr schwinden Länder und Städte, Schlösser und Burgen, in geisterhafter Schnelle fliegt sie dahin. Aber auch hier wird leider die Wirkung durch formelhafte Wiederholungen geschwächt. In demselben Gedichte findet sich bald darauf 483: *De la ville issent par la porte ferree, Passent les terres et les amples contrées Desci a Blaivies n'i ont resnes tyrees.* Hier ist aber nicht von Helden die Rede, welche auf feurigen Rossen dahinjagen, sondern von den Eltern der Lubias, die ihrer Tochter mitteilen wollen, dass Amis sie zur Gattin nehmen wird.

Diese letztere Form ist die verbreitetste. Man vgl. noch Amis 203; 291; 2042; 2518; Aiol 887; 1492; Berte 1724; 3432; Durm. 5130; Ren. 28. 21; 122. 25.

Auch Crestien beschreibt ähnlich den Weg Yvain's, nur bemüht er sich durch Epitheta ihn als höchst gefahrvoll zu charakterisieren: *forez longues et lees, leus estranges et salvages, mainz felons passages etc.* Chev. 758 ff.

Liebende scheinen auf ihren Reisen ein wenig mehr Sinn für Naturschönheit zu haben: *Ainsi maint mont, maint plain, maint val Alerent. Souvent s'arrestoit Par les biaus lieus, quant les trouvoit.*

Allerdings hat dies auch einen praktischen Grund: *Pour fair cele reposer Qu'il amoit de cuer sans fausser.* Cléom. 14626.

Oft bemühen sich die Dichter dem Wege dadurch mehr Anschaulichkeit und zugleich historische Wahrheit zu geben, dass sie die Länder und Städte bezeichnen, durch welche die Reise geht. vgl. Durm. 15752; Amis 1871: *Li cuens Amis entra en son chemin Celui qui va de Blaivies a Paris, Passa Torainne et Poitiers autressi, A Saint Jehan sont venu d'Angeli, La nuit i jurent li chevalier gentil Desci au jor que il fu esclarci. Un mardi vindrent a Blaivies la fort cit, Virent les nes de vers Bordiax venir, Les voiles droites ou li mast sont assiz. „Dex", dist li cuens, „qui onques ne mentis, Com ceste ville siet en riche chemin!"*

Es ist hier wohl das Bestreben zu bemerken, einen fremden Platz dem Hörer zu schildern, aber immer konzentriert sich das ganze Interesse auf den Reichtum.

Wenn ein Kastell am Wege liegt, so wird auch wohl dessen reiche und sichere Lage in bekannter Weise gepriesen. vgl. Berte 233; Perc. 1138 und oben S. 59 f.

Karl verfolgt die Aymonskinder: *.XIIII. liues longhes les a ensi menés, K'il n'i ot jostes faites ne chevaliers tornés Ne Renaus ne perdi .II. deniers monées, Et vindrent à une aigue, si passèrent as gués Dusqu' Espaus en Ardane ne se sunt arestés.* Ren. 76, 17.

Man sieht nicht ein, wozu diese Erwähnung des Wassers nötig ist, andererseits als Schilderung des Weges steht sie zu vereinzelt da; dennoch findet sich auch in diesem Gedichte S. 331, 1 ff. der Weg des Maugis in klarer, ausführlicher Weise beschrieben, ohne dass aber jemals ein Urteil über die Landschaft gefällt wird.

Die Reise, welche Amis und Amiles unternehmen, um sich gegenseitig zu besuchen, wird auch nur durch eine Aufzählung der Städte und Länder, welche sie berühren, bezeichnet. Nur einmal, als Amis über Burgund nach Pavia gelangt, macht der Dichter einen kleinen Zusatz: *Parmi Mongieu fu moult grans li yvers.* 56.

Zuweilen helfen sich die Dichter mit dem Geständnis: *De lor jornees ne sai que je voz die.* Jourd. 3597.

Schlimm steht es gar mit Reiseschilderungen, wenn die Geographie dabei über die Grenzen der Heimat hinausführt; vgl. den in dieser Hinsicht ganz verunglückten Versuch in K. R. 100—107 und die Bemerkungen dazu von G. Paris, Rom. IX S. 26 f., sowie die Rückfahrt nach Konstantinopel v. 260 ff. u. G. P. S. 28 f., etwas Aehnliches Amis 3489 u. die Anm. v. Hoffmann.

Die dritte und kürzeste, aus Rol. 405 angeführte Form, findet sich mit geringen Abweichungen nicht minder häufig vgl. Aiol 8222; Durm. 12771, oft ergänzt durch eine Aeusseruug des Dichters: *Ne me chaut mais des jornees conter.* Amis 2476; vgl. Jourd. 3669; 4222; Durm. 15874.

Auch Adenet hält sich nicht mit der Beschreibung von Reisen auf; ihm liegt vor allem an dem Fortgang der Erzählung: *Des jornees qu'il firent trop ne vous conterai* Berte 198 vgl. eb. 248; 566, oder als die drei afrikanischen Könige nach Spanien reisen: *Que vaurroit que je vous diroie De leur voie, ne conteroie? Tant firent k'en Espaigne furent.* Cléom. 1877.

Ist die Art der Reisebeschreibung, die wir im Vorhergehenden ;ekennzeichnet haben, ästhetisch wohl zu rechtfertigen als gut passend :u der Eigenart des afz. Epos, so lässt sie, was das Gefühl für landchaftliche Schönheit betrifft, höchstens einen negativen Schluss zu.)agegen sollte man erwarten, dass die Schilderungen, welche die ?ilger aus dem Morgenlande nach Frankreich brachten, die dichterische ?hantasie angeregt hätten, so dass uns die Schönheit Konstantinopels ›der Jerusalems mit der umgebenden Natur in all der Farbenpracht, n welche der Orient gekleidet ist, dargestellt würde. In K. R. verden beide Städte erwähnt. Das eine Mal heisst es: *Veient Jeru-:alem, une citet antive: Li jors fut bels et clers.* v. 108 f., und nur {onstantinopel wird etwas ausführlicher beschrieben: *Virent Constan-inoble, une citet vaillant, Les clochiers et les aigles et les ponz ·eluisanz. Destre part la citet demie liue grant Troevent vergiers plantez le pins et loriers blans; La rose i est florie, li alborz el l'aiglenz.* v. 262.

Auch Renaut macht eine Pilgerfahrt: *Il ala ses jornées o Thesu qui lo guie, Qu'il vit Constantinoble, la citei signorie.* 403, 14. Jnd dann: *Vindrent à Jherusalem qui mult de loing bien voie*) Et a grant tor David qui contremont baloie, D'autre part lo sepulchre nu il tinrent lor voie. Quant li baron lo voient, si en orent grant joie, A terre descendirent enmi la sablonoie; La sainte vile aorent et cas-:uns por lui proie.* 403, 34.

Ueber die Schönheit der Stadt und Gegend wird kein Wort rerloren.

Auch Villebardouien, der doch mit eigenen Augen den Orient sah, rühmt zwar die Festigkeit und den Reichtum Konstantinopels, aber seine Schilderung, welche sich nur auf die Mauern und Gebäude unter den angegebenen Gesichtspunkten erstreckt, könnte ebenso gut für jede grosse Stadt des Abendlandes gelten: *Or poez savoir que mult esgarderent Costantinople cil qui onques mais ne l'avoient veue; que il ne pooient mie cuidier que si riche vile peust estre en tot le monde, cum il virent ces halz murz et ces riches tours dont ele ere close tot entor à la reonde, et ces riches palais et ces haltes yglises, dont il i avoit tant que nuls nel poist croire, se il ne veist à l'oil, et le lonc et le lé de la vile qui de totes les autres ere soveraine.* Villh. 128.

Selbst wenn man ein Werk betrachtet, das ausschliesslich der Reise nach dem heiligen Lande gewidmet ist, wird man in der Erwartung getäuscht, hier vielleicht aus dem Munde eines Pilgers selbst die Eindrücke verzeichnet zu finden, welche die fremdartige Landschaft des Morgenlandes auf ihn gemacht hat. Der Verfasser des *Saint Voyage de Jherusalem* erscheint als ein höchst sachlicher, wahrheitsliebender Mann, der sich nirgends von dem Gefühle hinreissen lässt. Sein Hauptinteresse liegt darin, die Orte aufzusuchen, welche irgend eine biblische Bedeutung haben, und er erzählt dabei die Sa-

---

*) Falscher Vers. Jerusalem (auch Jursalem geschrieben) öfters dreisilbig vgl. Anm. v. Michelant. „Statt *bien voie* vielleicht *voient* zu schreiben oder *blancoie* = weiss schimmert.“ (Tobler.) Michelant geht darüber ohne Anmerkung hinweg.

gen und Wunder, welche im Mittelalter unter den Gläubigen von Mund zu Munde gingen. Er hat immer einen praktischen Blick; Bethanie beschreibt er z. B.: *Cette ville est assise en une valée assés plentureuse, bien labourée de blefz et de vignes et de beaux jardins* (§ 163) Jherusalem schildert er entsprechend: *Vous devés savoir que la cité de Jherusalem est moult grande et belle cité, combien qu'elle est ordement et vilment tenue des Sarrazins, dont elle est si peuplée que c'est merveille comment tout y est plain.* Dann geht er auf die Strassen, Häuser und die Befestigung der Stadt ein (§ 168). Er befindet sich ferner auf dem Berge Sinai, wo eine Moseskapelle steht: *dès devant la dite chappelle Moÿse, peut l'en veoir la Rouge mer qui est moult loing de la* (§ 210). Ein moderner Reisender hätte sich wohl kaum die Gelegenheit entgehen lassen, wenigstens mit ein paar Strichen die Aussicht zu zeichnen. Hier finden wir nichts. Das ganze Werk macht überhaupt den Eindruck eines Tagebuchs, welches vielfach nur mit trockenen, sachlichen Bemerkungen das Gedächtnis des Reisenden unterstützen soll; denn es wird mit peinlicher Sorgfalt Tag für Tag eingetragen, oft nur mit ziemlich gleichlautenden und aufeinanderfolgenden Sätzen: *Le jeudi ensuivant, passasmes oultre tout le jour* (218) *Le vendredi ensuivant errasmes tout le jour* (219) vgl. §§ 176—189; 217—229.

Besonderen Eindruk muss *Le Caire* (vgl. Anm. zu § 232) auf ihn gemacht haben; denn er sagt: *C'est grant noblesse a veoir la grant quantité des belles fonteines qui sont parmy celle grant cité, et parellement des beaux jardins et des beaux arbres qui y sont* (237). Hier leuchtet vereinzelt die Freude an der Natur hervor und an einigen anderen Stellen, §§ 261 u. 279 namentlich, werden wieder schöne Gärten gerühmt.

Wenn die Verfasser eigentlicher Reiseschilderungen sich nur auf ganz äussere, ihren nächstliegenden Zwecken entsprechende, Thatsachen beschränken, so darf man sich nicht wundern, dass die Epen zu den Namen berühmter Städte meistens nur einzelne Epitheta wie *amirable, seignoril* oder *nobile* hinzufügen. vgl. Aiol 9984: *Salenike, la nobile chite;* eb. 10505: *Panpelune, l'amirable chite.* Amis 2686: *Virent Riviers la cite seignoril.* Berte 2453: *A Paris s'en revint, l'amirable cité* und ebenso Elie 2741; Ren. 5, 32; 40, 12. Enf. Og. 4349: *Roume, l'amirable cité* oder *la cité seignoris* 4668. (vgl. Anm. 3576 v. Scheler.)

Mehr als eine Landreise pflegt im Allgemeinen eine Meeresfahrt durch die Erhabenheit ihrer Bilder die menschliche Seele zu erregen. Die meisten Schilderungen von Seereisen innerhalb der afz. Litteratur erheben sich jedoch nicht über den formelhaften Stil, den wir überhaupt bei Reisebeschreibungen zu Anfang dieses Abschnittes kennen gelernt haben. Als Alexis vom Sturm verschlagen wird, sagt der Dichter trocken: *Danz Alexis entrat en une nef: Ovrent lor vent, laisent corre par mer. Dreit a Tarson espeiret ariver, Mais ne pot estre: ailors l'estot aler. Tot dreit a Rome les portet li orez.* 39a; vgl. auch die oben angeführte Strophe 16. Nur die schwächste Fassung des Gedichtes aus dem 14. Jahrh. zieht diese Schilderung etwas in die Länge, indem sie von der Angst der Schiffsmannschaft und der Hülfe Jesu Christi spricht.

Der Verfasser des Aiol verhält sich auch hier gleichgültig: *Ne sai que ie vous doie lor estoire aconter, Ne combien il esturent en palegre de mer.* 9813 und kaum verändert 10598.

Entsprechend heisst es Jourd. 3148: *Que vos diroie? tant est la nes alee, Que elle est bien a un port arrivee D'unne cite qui moult est renomee, Constantinoble est par non apelee.* vgl. Durm. 15303. Gewöhnlich wird sonst hinzugefügt, dass ein günstiger Wind das Schiff trieb oder dass das Wetter heiter, die See ruhig war: *Tendent les cordes, les voiles font drecier, Li vens lor vient, qui par vigor i fiert, Ainsiz les mainne com l'aloe esprevier[s]* Anm. Amis 2658. *Dex lor donna bon vent et bon oraige, Najant s'en vont par mer et par palaigre.* Jourd. 1119. *En mer s'esquippent s'ont lor voille drescie. Li tans fu clers et la mers fu serie Et li vens bons qui les conduist et guie.* Jourd. 2672, ebenso 3590. *La mers fu peisible et soés, Li vanz douz et li eirs serains.* Clig. 244. vgl. Enf. Og. 7543; Fl. et Bl. 1161; M. de Fr. Gug. 192.

Nur bei den Romanen griechischen Ursprungs, in denen Seeräuber eine grosse Rolle spielen, und bei den Dichtungen der Anglonormannen tritt eine leicht erklärliche tiefere Bekanntschaft mit dem Meere, und daher auch das Bestreben hervor, Meeresstürme anschaulicher darzustellen. Eine derartige, verhältnissmässig hübsche, Schilderung findet sich im Jourd.: 2166: *La mers commence forment a engrossier.* 2187: *Ez voz les ondes maintenant engramies, Froissent cil mast et cil voile descirent.* 2194: *Par mi la barge lor est passez uns vains Grans et pleniers merveilloz et pesanz. Froissent cil mast, debrise cil chalans, Parmi la nef chieent cil marrinnant.*

Auch Wace lässt es sich nicht entgehen, den Sturm und seine Wirkungen beredt darzustellen: *Mariner par la mer passoent, De une terre a l'autre aloent, Ja estoient en haute mer, Tut asseur quid(o)ent aler; Es vus une tempeste grant En cele mer vient tornant, E la mer comence a enfler Et a fremir et a meller. Grant vent i vient, espesse pluie Qui as mariniers mult ennuie. Granz fu li venz e li oriages, Esbaïz fu tut li plus sages. Si plaissa la tourmente toz, Ne valeit gueres li plus proz. Rompent cordes, depescent tref, Fruissent chevil, desclot la nef; Donc comencent tuit a crier, Deu e ses sainz a reclamier* St. Nich. 234.

In der Vie de St. Gilles findet sich ebenfalls eine lebendige Schilderung des wild bewegten Meeres und der hilflosen Lage eines Schiffes, das ein Spielzeug der auf- und niederwallenden Wogen ist v. 776 ff.: *Il esgardet en haute mer, E vit une nef periller, E a turmente deschaseer, E repuneit entre les undes Ki erent grandes e parfundes, Kar la mer ert mult hericée, Undeie e bruit cum esragée. La nef veit par la mer walerent, La tempeste la veit menant, Kar mult par feit leide turmente, Escluire e tone e plot e vente. Tant de la mer tant del grant vent Pur poi ke cele nef ne fent; L'unde la porte contre munt L'autre la treit vers le parfunt, L'une la peint, l'autre la bute, Pur poi k'elle ne desront tute. Gires veit la nef periller E la mer braire e engrosser: Des mariners out grant pité; Nostre seignur ad depreié K'il les mette a port de salu: Li venz abeisse ki grant fu; La mer ki einzceis ert undante Fut lues come une mer gisante; L'ore remeint e vente bel. Mult furent lé li marinel; etc.*

Diese Schilderungen tragen eine behagliche Breite zur Schau, die sich aus der genauen Bekanntschaft mit den Erscheinungen erklärt. Gerade der letztere Dichter setzt seinen Stolz darein, bis ins Kleinste alle das Meer und die Schiffahrt betreffenden Dinge vom Standpunkt des Seefahrers zu beschreiben. Charakteristisch hierfür sind namentlich die vv. 876 ff. und 926 ff., wo wir nicht allein das ganze Takelwerk eines Fahrzeugs jener Zeit, sondern auch die Thätigkeit der Seeleute während der Fahrt bis ins Genaueste kennen lernen (vgl. dazu die Introd. XV u. Anm. 3).

Die Schilderung einer Meeresfahrt artet also bei den Anglonormannen, denen unter den Altfranzosen das Meer am vertrautesten sein musste, in eine trockene Beschreibung des Handwerkmässigen einer Seereise aus. Wir vermissen, abgesehen von der Furcht, den Ausdruck der tiefen Seelenerregung, zu der eine wechselvolle Fahrt auf dem Ocean wohl Veranlassung geben könnte. Die Erscheinungen werden beobachtet und ohne Bild und Gleichnis beschrieben, wie sie sich dem Auge darbieten; niemals werden sie aber von der dichterischen Phantasie als Ausdruck eines tieferen Naturlebens erfasst. Wie hoch erheben sich im Vergleiche zu diesen afz. die gewaltigen Meeresschilderungen bei den Germanen, die freilich von alter Zeit her immer in engstem Verkehr mit dem Meere gestanden haben, deren Leben sich grossenteils auf den Wogen abspielte, und deren lebhafte dichterische Phantasie gerade aus den Meeresfluten einen guten Teil ihrer mythischen Gestalten auftauchen liess. Nur eine Stelle aus Andreas 369 ff. halte man den obigen gegenüber: *Dâ gedrêfed wearð Onhrêred hwælmere, hornfisc plegode, Glâd geond gârsecg, and se grǣga mǣw Wælgîfre wand. wedercandel swearc, Windas wêoxon, wǣgas grundon, Strêamas stýredon, strengas gurron, Wædo gewætte, wæteregsa stôd prêata þryðum. þegnas wurdon Acolmôde, ǣnig ne wênde, þæt hê lifgende land begête, þâra ðe mid Andreas on êagorstrêam Cêol gesôhte.*

Das Wasser war eben nicht das eigentliche Element der Franzosen; daher heisst es auch Durm. 1578: *Lui semble que il soit garis, Quant issus est fors de la mer; Quar il voit le tens bel et cler, Les pres virs* (l. vers) *et les boz foillis, Tos li airs estoit esclarcis Et si ot les chans des oiseaz.*

Und doch war man nicht unempfänglich für die Schönheit des Meeres. Schon der Roland bietet dafür ein, stets knappes, Zeugnis: Baligant geht mit seiner Flotte in See: *En sum cez maz e en cez haltes vernes, Assez i ad carbuncles e lanternes; Là sus amunt pargetent tel luiserne ‚Que' par la noit la mer en est plus bele.* 2632. vgl. S. 54.

Diese einfachen Worte entwerfen aber ein wirkungvolleres Bild als alle die ausführlicheren Schilderungen späterer Werke es vermögen. Die zugehörige Parallelstrophe hat nur: *Asez i ad lanternes e carbuncles: Tute la noit mult grant clartet lur dunent.* 2643. Die poetische Anschauung fehlt diesen Worten. Hätte derselbe Dichter wohl die Wirkung abgeschwächt?

IV. Kannten die Altfranzosen die Fernsicht?

Wir hatten in der Einleitung zu diesem Abschnitt auf die Bedeutung der Fernsicht auch bei poetischer Darstellung einer Landschaft hingewiesen; denn man kann sich nur von dem Einzelnen befreien und die Wirkung des Ganzen geniessen, wenn das vor einem liegende Panorama zu überblicken ist, also von einem erhöhten Standpunkte aus. Oft genug befindet sich nun eine Person im afz. Epos in solcher Lage. Wenn das Gefühl für die Gesamtschönheit einer Landschaft rege war, wenn man Wert legt auf eine schöne Aussicht, so werden die Dichter bei solchen Gelegenheiten nicht achtlos an der Landschaft vorübergehen. Dies ist jedoch meist der Fall. Eröffnet sich dem Beschauer ein weiterer Blick, so werden meist nur die uns schon bekannten Dekorationsstücke in ebenfalls schon beleuchteter formelhafter Verbindung aufgeführt: *Par desour .I. haut tertre en est montes Et puis si a un val adevale, Il garde devant lui parmi un pre, D'autre part une haie en .I. bos cler.* Aiol 1297.

Kalt bleibt Aiol, als er Panpelune zu seinen Füssen liegen sieht, vgl. Aiol 4895 ff. und 5202 ff.: *Virent de Panpelune les larges pans, Les murs et les soliers, les avantvens, Et par defors paiens e Nubians* . . . . .

Im Lai Guigemar 145 heisst es: *Le travers del bois s'en ala Un vert chemin ki l'en mena Fors de la lande. En la plaigne Vit la faleise e la montaigne D'une ewe ki desuz cureit. Braz fu de mer; hafne i aveit.* Die Landschaft ist Nebensache und daher nur, wie unumgänglich nötig, bezeichnet. Guigemar soll zum Schiff gelangen: damit schreitet die Erzählung fort, alles andere hemmt sie; man hat also dafür kein Interesse.

Rol. 1017: *Oliviers muntet desur un pui halçur: Guardet suz destre par mi un val herbus.* Damit ist der Schauplatz erledigt. Dagegen weilt der Dichter bei der Schilderung der glänzenden, kostbaren Rüstungen und Waffen. Dies fesselte die Hörer mehr.

Adenet lässt uns einmal einen Blick über Paris und seine Umgebung werfen: *La dame ert à Montmartre, s'esgarda la valée, Vit la cit de Paris, qui est et longue et lée. Mainte tour, mainte sale et mainte cheminée Vit de Montlėheri, la grant tour quarnelée. La riviere de Saine vit, qui moult estoit lée, Et d'une part et d'autre mainte vigne plantée. Vit Pontoise et Poissi et Meullent en l'estrée, Marli, Montmorenci et Conflans en la prée, Dantmartin en Goiele, qui moult est bien fermée, Et mainte autre grant vile que je n'ai pas nommée.* Berte 1961. Der Eindruck des Platzes auf die Dame ist folgender: *Moult li plot li païs et toute la contrée; „Ha! Diex," fait ele, „sire, qui fist ciel et rousée, Com est Berte ma fille richement mariée Et en très noble lieu venue et arivée!"* Berte 1971.

Die landschaftliche Schönheit wird nicht hervorgehoben, nur der Reichtum und die Freude der Mutter über den grossen Besitz ihrer Tochter. Dieser Nützlichkeitsstandpunkt ist überall wiederzufinden, wenn Gegenden geschildert werden. Partonopeus macht einen Spaziergang zum Meer und: *Esgarde vers solel levant, Et voit la mer qui dure tant Que nus n'en puet véir le fin.* Part. 1619.

Statt dass die Natur in ihrer Grossartigkeit auf ihn wirken sollte, stellt er Betrachtungen an, welche Vorteile das Meer den Menschen bringt. Es trägt uns kostbare Stoffe zu, seltene Tiere, teure Gewürze: *Quanqu'a el siècle precios, Et bon et bel et merrellos, A la cité vient par la mer, Et tot siolt ilucc ariver.* 1631.

Partonopeus wechselt seinen Standpunkt: *De cele part sont li vergier As citeains plus d'un millier, Et voit les vignes sor le mer, Tant en loing et en lé durer Que rien n'i voit se vignes non.* 1639. Auf einer dritten Seite: *Là voit les cans amples et lés, Bien gaaigniés et bien semés.* 1645.

Nur immer der Reichtum der Gegend kommt in Betracht. Endlich gelangt der junge Held zur vierten Seite: *Iluec s'est longement tenus; Moult i a veu grans beautes.* 1650, und wirklich entrollt sich uns ein Landschaftsbild in grösserem Stile: *De cele part ciet Oire en mer, U les grans nés suelent entrer; Defors le mur aval en vient Grans trente toises, bien le tient. Li pons est descur l'ève beaus, Bien entailliés, tos a crenecaus. Al cief del pont, devers le pré, Voit un moult bel castel fremé Qui tant est larges et pleniers, Mult i puet avoir cevaliers, Et tant a edefiemens Que moult i puet avoir grans gens; Lonc par desor la mer li pré Durent deux grans lives de lé Et dix lives durent de lonc.*

Schon diese Massangaben gehen über eine einfache Betrachtung der Landschaft hinaus. *Puis est la grans forès solonc, Dont li bos est haus et beaus, Et plains de bestes et d'oiseaus: S'i ot esperviers et ostors, Et de faucons i a pluisors, Dont li ostoir sont tot gruier, Et li faucon bon haironnier.*

Auch hier verlässt der Dichter die Grenzen der Schilderung; denn das konnte Partonopeus aus der Ferne nicht sehen. Alle angeführten einzelnen Züge sind mehr geeignet, eine Vorstellung von den begehrenswerten Eigenschaften des Besitzes zu geben, als dass die reine Freude an der Schönheit der Natur zur Geltung käme.

Schon S. 68 haben wir bei dem Verfasser der *Saint Voyage* das Interesse an der Fernsicht vermisst. Wir sehen namentlich an den Beispielen aus Berte und Part., dass selbst, wenn eine Landschaft mit besonderer Sorgfalt geschildert wird, der Dichter dabei doch andere Zwecke hat, als ein schönes Naturbild zu entwerfen. Wie an den Personen der Helden, so haftet auch an dem Schauplatz etwas Riesenhaftes, Massloses, oder er soll durch Ueppigkeit und Reichtum in Erstaunen setzen. Dieser Affekt liegt aber dem Wesen der Schönheit fern.

4. Kapitel.

Hat die Landschaft für die Altfranzosen einen seelischen Inhalt?

Unser voriges Kapitel hat schon einen Teil der Schlüsse des jetzigen vorausgenommen; denn bei der Untersuchung über die Art der Schilderung mussten wir einigemale darauf hinweisen, dass die afz. Dichter der Landschaft nur ein geringes oder doch höchstens materielles Interesse entgegenbrachten. Wir sind bisher von der Landschaft selbst ausgegangen und suchten sie in den Gedichten. Es wäre nun gerade kein Fehler, wenn in den Epen, die ja in erster Linie Handlungen zur Darstellung bringen sollen, landschaftliche Gemälde eine untergeordnete Rolle spielen: denn schon Horaz sagt: „Wenn der poetische Stümper nicht weiter kann, so fängt er an, einen Hain, einen Altar, einen durch anmutige Fluren sich schlängelnden Bach, einen rauschendon Strom, einen Regenbogen zu malen.“ (Laokoon XVII.) Dann dürften wir es den Dichtern auch nicht vergen, wenn ihnen derartige Schilderungen misslingen. Ist aber überhaupt ein Gefühl für die Schönheit der Landschaft in ihnen lebendig, so darf nicht der Ausdruck ihrer Wirkung auf die menschliche Seele fehlen. Von diesem Standpunkte wollen wir in diesem Kapitel die Landschaftsschilderungen der Altfranzosen betrachten.

Naturgemäss verknüpfen sich bestimmte Handlungen und Vorgänge mit bestimmten Oertlichkeiten. Liebesscenen spielen sich vorzugsweise im Garten ab, Festesfreude sucht die blumige Au, der Kampf wütet im finsteren Tal zwischen hohen Bergen, der Verrat birgt sich im Gehölz oder lauert in wild schrecklicher Felsenschlucht. Es ist klar, dass sich umgekehrt an derartige Orte immer bestimmte Gefühle der Sympathie oder Antipathie anschliessen werden, dass ein dunkles Gehölz Scheu und Beklemmung, eine wilde Felsenschlucht Furcht und Schrecken, eine freie bunte Wiesenflur ein Gefühl der Freiheit, Heiterkeit und Freude erwecken wird. So erhält die Landschaft durch die Idee einen seelischen Inhalt. Es waltet hierbei eine gleiche Wechselwirkung ob, wie sie bei der Uebereinstimmung eines Naturbildes mit dem übrigen Inhalt eines lyrischen Gedichtes hervortrat. Aber wie es dort der Fall war, so krankt auch hier wieder die afz. Dichtung an der konventionellen, formelhaften Verwertung landschaftlicher Bilder. Nur ein Beispiel aus der Lyrik. Wie viel verspricht beim ersten Blick der Anfang: *Pensis outre une bruiere — errai toute une feuchiere, desous couroit la riviere — clere et rade* Bartsch II 59. Und was enthält das Gedicht? Am Flusse wäscht sich eine Jungfrau Gesicht und Hände und schenkt dann dem Sänger, wie üblich, ihre Gunst. —

Wenn in dem Epos die, oft notwendige, Uebereinstimmung zwischen Schauplatz und Vorgang klarer hervortritt, so werden wir wieder durch bedeutungslose Formeln ermüdet.

Die Art der Schilderung eines Gehölzes, in welchem gewöhnlich Hinterhalte gesucht werden, verrät nichts von dessen tückischem Zweck. Es zeigt sich dabei nur eine auffallende Uebereinstimmung in den Epen: man vgl. nur: *Sous Lengres en Borgoinge en .I. brellet foillu, Qui fu d'if et d'auborc et d'oliviers ramus, Makaires li traitre est a pie dessendus.* Aiol 8342, und: *Par de la l'iave en un broillet rame D'ys et d'aubors et d'oliviers plantez, . . . Laienz se tinrent li traitor prouve . . . .* Dagegen wird über die Wiese gern die ganze Heiterkeit des darauf stattfindenden Festes ausgegossen: *La fors ot une praerie Qui devant la cite estoit, Molt grans raingies i avoit D'arbres plantes haus et foillis, Chascuns ert de novel floris. Mais ne sai pas dire le numbre Des gens cui il rendissent umbre, Desore chantent li oisel, Dex fist le tens et cler et bel, Vers ert li prez et plains de flors Qui sunt de diverses colors, Par lius i avoit fontenelles Qui molt furent cleres et beles, Li lius estoit molt delitables.* Durm. 996. Doch nicht immer nimmt man sich diese Mühe. Meist genügt die einfache Formel *ens .I. pre* Aiol 1421 (hier tummelt der junge Held sein Ross), und mit geringen Formveränderungen: Amis 1448; 1470; Berte 2591; Buev. 110; 134; Cléom. 8528; Durm. 6774; 6787; Part. 6607 *(el pré flori)*; Ren. 426,3. Häufig findet es sich mit dem früher besprochenen *desous l'onbre d'un arbre*, wie Aiol 1421: *garde devant lui enmi .I. pre, Desous l'onbre d'un arbre en haut rame* (2 Mönche), und ist statt des letzteren in vielen ähnlichen Wendungen anzutreffen (vgl. S. 55 f.): *descenduz enz pres* Amis 1689; *Guillaume fu a pié devant Nerbonne ou pré.* Buev 427; *regarde parmi les prez flouris* Enf. Og. 1773. Sehr häufig ist ferner: *l'abat mort en la pree* Aiol 10659 oder *Mort le trebuche enmi le pré herbu* Enf. Og. 5807; ähnlich: 6095; Ren. 290, 5; 33, 21; 102, 26 u. a. Daran schliesst sich eine ähnliche, naheliegende Wendung *sur, en l'herbe verte.* Im Rol. 1614 heisst es: *Sur l'herbe verte li clers sancs s'en afi'et.* 3451: *Mult ad grant doel Carlemagnes li reis, Quant ‚duc' Naimun veit naffret devant sei, Sur l'herbe verte le sanc tut cler cadeir.*

Wir behandeln diese Formeln gerade an dieser Stelle, weil wir sie einem poetischen Gedanken entsprungen glauben; denn durch den Gegensatz, das unerwartete und unnatürliche Zusammenkommen von Dingen, deren Vereinigung man nicht gewohnt ist, wird die Wirkung erhöht. vgl. noch Rol. 2870: Karl sucht seinen Neffen und: *De tantes herbes el pret truvat les flurs, Ki sunt vermeilles de l'sanc de nos baruns* oder 2273: *Sur l'herbe verte li quens Rollanz se pasmet.*

So vereinigt sich blühendes Leben mit dem bleichen Tode, ein immer schönes Bild; die in dem Grün und in den Blumen sich stets verjüngende Natur steht in wirksamem Gegensatz zu dem schnell dahinsinkenden Menschen. Auch. Enf. Og. 5899 dürfte noch hierher zu stellen sein: *Pour roi Braiman ot le cuer moult mari, Qui mors gisoit enmi le pré flori.*

Leider aber findet sich an vielen anderen Stellen dieselbe Formel und zwar bedeutungslos gebraucht: *Sur l'herbe verte descent il en un pret.* Rol. 2448; ferner 2652; 3096. Für Adenet ist es in verschiedenen Variationen (z. B. *aloient joant seur l'herbe qui verdie*

Berte 56; *K'ambedoi s'entrebatent tout sanglent en l'erbier)* als bequemes Reimmittel willkommen. vgl. Berte 586; Buev. sehr oft: 1583; 1717; 1754; 1694; 2043; 2422; Enf. Og. 1721. Auch Crestien kennt es so: *Cligés sur l'erbe qui verdoie Descant a pie.* Clig. 3504.

Wenn die Dichter von einem Verrate zu berichten haben, so werden als Schauplätze, wo er gesponnen wird, die schrecklichsten Orte gewählt. So bemüht sich der Verfasser des „Renaut" Vaucouleur, wohin die Aymonskinder gelockt werden, als möglichst unheimliche Landschaft zu schildern: *Une roche i a haute del tans ancianor; .VII. m. pierres a rengies tot entor; .IIII. fores plenières li batent environ, La menor a .VII. liues à .I. mul ambleor; .IIII. ewes ravineuses la cloent, ce savom, L'une a à nom Gironde et l'autre a nom Dordon, La tierce Vairepaine, la quarte Balençon. .I. jaiant le ferma qui Fortibiaus ot nom, Qui ferma Orbendel sor le costé del mont. A .III. liues entor n'a ne borc ne maison, Chastel ne fermeté ne habitacion, Et là fu porparlée la mortel traïson.* Ren. 176, 38. Ohne die Einmischung des Uebernatürlichen geht es nicht ab.

Ebenso kann der Wald, für den man sonst eine so grosse Vorliebe hat, zu einem gefürchteten Aufenthalte werden. Dann hausen darin wilde Tiere und giftiges Gewürm, Elephanten, Löwen, Vipern, Drachen und andere Ungeheuer, wie in den Ardennen vgl. Aiol 62; Part. 449; 673; dazu kommt noch Zauberspuk Chev. as .II. esp. 646 ff. In der Regel soll dadurch die Lage eines Helden als recht schrecklich hingestellt werden. —

II. Das Wild-Romantische in der Natur kann nur dann in seiner besonderen Schönheit auf den Menschen wirken, wenn er sich durch wissenschaftliche Erkenntnis der Naturgewalten frei und sicher fühlt. Der naive Verstand, die kindliche Volksphantasie macht ungewöhnliche Naturbildungen, namentlich schroffe Felsgestaltungen, Höhlen und Schluchten zum Sitze übernatürlicher Wesen, oder schreibt ihre Entstehung dem Wirken von Feeen, Zauberern und oft dem Teufel selbst zu. So ist besonders die Hoch-Bretagne, welche reich an Megalithen und Dolmen ist, eine Heimstätte zahlloser Sagen. Noch heute glauben die Bewohner, dass in solchen Felsbildungen Feeen verkehren, Geister klagen, der Teufel in verschiedenen Gestalten haust. Auch Schätze sollen darunter vergraben sein, und in der Regel bringt der Besuch solcher Orte Unglück (vgl. Sébillot). Diese Furcht vor der wildgestalteten Natur tritt auch in der afz. Dichtung hervor. Karl warnt z. B. seine Helden vor der Schlucht Espaus, weil Feeen darin hausen sollen Ren. 53, 32, Clarisse ihren Gemahl vor Vaucouleur: *Li plain de Vaucolors font mult à resoignier, Une roce i a haute, contremont, vers le ciel; Mult est l'eve parfonde et grant sunt li rochier, .IIII. forès i a, si com j'oi tesmoignier; Li mendre tient .VII. liues à .I. errant à pié.* Ren. 171, 3.

Es fällt diese Belebung der toten Natur zusammen mit der Mythenbildung im Allgemeinen, welche alle Naturerscheinungen durch das Walten göttlicher Wesen erklärt. Die christliche Zeit führt statt ihrer überall Gott, zuweilen auch Christus ein. So finden sich bei der Nennung des höchsten Wesens gewöhnlich formelhafte Ergänzungen, welche den Herrn als Erschaffer des Weltalls, des Himmels, der Erde und des Meeres, als denjenigen preisen, welcher es regnen, schneien, hageln, blitzen, donnern und stürmen lässt. Vgl. folgende Stellen: *Dameldieus, sire peres, voirs droituriers, Qui la mer et le mont as a iugier.* Aiol 562. *par cui li solaus raie* Berte 211; 1417. *Li solaus fu mult chaus, Dex le fist claroier,* Ren. 54, 8. *ki solel fist luisant.* Ren. 338, 35. *qui fist ciel et rousée,* Berte 1137; 2472; 3445; Buev. 1243; Enf. Og. 166; 683; Jourd. 2826; 3950; Ren. 114, 29; 421, 30. *qui fist la mer salée,* Berte 1151. *ki fist et mer et port,* Ren. 339. 19. *qui fait courre la nue,* Berte 2421; 3353. *qui feïs florir l'ente,* Ren. 400, 37, *naistre flor* 420, 22. *par cui pluet et vente,* Buev. 1367; 3139. *par cui il vente et tonne,* Buev. 3376 (vgl. S. 16 die Wendung *Que l'en n'oist pas deu toner).*

Gott greift seinen Helden zu Liebe auch in den natürlichen Lauf des Weltalls ein; Ren. 322, 27 schützt er Renaut durch eine Wolke, welche sich über die Wiese ausbreitet. Rol. 2459 steht die Sonne still, damit Karl sein Rächerwerk vollenden kann. (vgl. S. 32).

Crestien erhebt sich über den formelhaften Gebrauch der angeführten Wendungen; poetisch wirkt: *Au main, quant dex rot alume Par le monde son luminaire,* Chev. 5440. vgl. auch die schon angeführte Stelle aus Clig. (S. 32), wo durch das plötzliche Hervortreten des Mondes der Ueberfall der Verräter vereitelt wird.

Besonders anzumerken ist: *Dex li sauvere Qui fist et ciel et tere et mer betee,* Aiol 500. *Mais se Jhesus n'en pense, qui fist ciel et rousée,* Buev. 481; wörtlich ebenso Ren. 420, 22.

Rosamonde betet: *Glorieus sire pere, qui te laissas pener, Et fesistes la lune et le soloil lever Et les estoiles, les poissons en la mer .....* Elie 2388.

Die Heiden lässt man sagen: *Par ce saint Mahonmet par cui il pluet et vente,* Buev. 2240.

Dadurch, dass hinter jeder Naturerscheinung ein göttliches Wesen als Urheber geschaut wird, ist natürlich eine freie Beseelung der leblosen Natur unmöglich gemacht und eine dichterische, phantasievolle Auffassung der Aussenwelt, deren Personifizierung nur freier ästhetischer Schein bleiben muss, ausgeschlossen. Mythos und Religion wirken in diesem Sinne, wenigstens so lange sie noch die ausschliesslichen Vermittler zwischen Mensch und Natur sind, hemmend auf das Naturgefühl. Denn in diesem Falle ist die Liebe zur Natur keine Anerkennung ihrer Schönheit an sich, sondern man fühlt in der Aussenwelt nur die Gegenwart des mächtigen Schöpfers, ihm, dem Unsichtbaren, huldigt man, ihn preist man in seiner sichtbaren Schöpfung. So glaubt Berte, als sie das Schwert des Verräters, zum Todesstreiche bereit, erblickt, in innigere Berührung mit ihrem Gotte zu treten, wenn sie die Erde küsst: *Lors commence la terre doucement à baisier;* v. 600 vgl. noch 750 ff. und 799. Laprade, *Le sentiment de la nature chez les modernes.* Paris 1868 sagt S. 37: *C'est chez les saints et les poètes religieux que nous rencontrons au moyen âge la plus vive intelligence des splendeurs de la création et du sens moral qui s'attache à tous les phénomènes physiques;* und S. 40: *C'est l'imagination, c'est le sentiment plus que les calculs d'utilité et de prudence qui décident du gîte de l'anachorète et de l'emplacement du futur monastère ..... Aujourd'hui encore, ce qui nous reste des anciens ermitages, des anciens couvents, fait l'ornement de nos paysages le plus appropriés aux délicates rêveries comme aux graves contemplations. A n'en juger que par le choix de leurs demeures, ces religieux du moyen âge ont mieux senti la nature que tous nos lettrés, jusqu'aux jours où Chateaubriand et Lamartine ont ramené les imaginations au christianisme.* Hätte Laprade nur von den griechischen Kirchenvätern gesprochen, so würde man ihm Recht geben können und brauchte nur an deren Würdigung durch Humboldt, Kosmos II S. 27 ff. zu erinnern; hätte er nur an Klöster gedacht, so wäre es allerdings richtig, dass sie oft in ganz besonders schöner Lage, namentlich an Aussichtspunkten liegen, wenn wir sie in den Epen auch oft genug im Walde versteckt antreffen (Aiol 775 etc.) oder als Siegesdenkmal auf der Wahlstatt errichtet (Schulz, Höf. Leb. z. Z. d. M. II 267).

Immerhin wäre es aber fraglich, ob ausschliesslich die Freude an der schönen Fernsicht zur Wahl solcher Orte geführt hat. Nimmt man dies an, so könnte das gleiche auch für Burgen und Kapellen gelten, und doch haben hier ganz andere Rücksichten gewaltet. Im ersteren Falle erheischte die Sicherheit eine hohe Lage und einen weiten Blick ins Land, in letzterem kam es darauf an, dass ein weiter Umkreis das Gotteshaus vor Augen hatte, durch seinen Anblick und durch die bei einer solchen Lage weithin tönende Glocke zur Andacht gemahnt werden konnte. Zieht man in Betracht, dass im Mittelalter die Klöster vielfach den Dienst der Gotteshäuser versahen (man wohnte ja in ihnen vorzugsweise den Messen bei), so war zum mindesten der letztere Grund nicht unmassgeblich. Für die Einsiedeleien aber sind Laprade's Ausführungen nicht stichhaltig. Abgesehen davon, dass in den Romanen niemals das Bestreben hervortritt, die Lage eines *hermitage* als schön zu schildern (es liegt meist im Walde versteckt und ihm fehlt aus praktischen Gründen wohl niemals die Quelle), passt zu obiger Ausführung schlecht, was z. B. der Verfasser des *Saint Voyage* von dem heiligen Antonius erzählt. Dieser hatte sich zuerst in *Saint Anthoine sur le Nil* als Eremit niedergelassen, zwei Tagereisen von *Babiloine*, d. h. *Cairo*, ging dann aber auf des Herrn Geheiss drei weitere Tagereisen ins Land, weil der Ort zu *delectable pour fere penitance* war. Als er sich mit *Saint Pol* in der Wüste vereinigt hatte, schickt ihnen der Herr täglich das Brod durch einen Raben. *Vaublanc, La France, au temps des Croisades.* Paris 1844 führt aus der *Hist. d'Anjou I, XXXVI* an: *Le moine Gérard, à l'abbaye de Saint-Aubin, en Anjou, se mettait plusieurs anneaux de fer aux jambes, aux bras, à la ceinture. Sur l'estomac il portait une masse de plomb. Une grosse pierre était attachée à ses reins par une chaîne de fer. Dans cet équipage, il cultivait son jardin en chantant. Il avait un oreiller de cendres; des cendres étaient mêlées à son pain d'orge. Il buvait une infusion de feuilles de laurier amer; il se nourrissait de racines et de fruits sauvages.* (S. 348 I.) Das ist der Charakter der mittelalterlichen Askese, des religiösen Wahnsinns. Der Gerechte sieht alles Weltliche als Teufelswerk an, das versuchen und in den Sündenpfuhl hinabziehen will; deshalb flieht er die Natur, soweit sie nur irgend einen Genuss bieten kann, und zieht sich an einen einsamen, unfruchtbaren Ort zurück, in dem Glauben, so Gott am besten zu dienen, während er seine Schöpfung verachtet. Ueberdies machten die Ordensregeln den Einsiedlern die Arbeit zur Pflicht, und schon deshalb suchten sie vorzugsweise öde Plätze auf, die bis dahin nicht Hacke noch Pflug kennen gelernt hatten, um sie urbar zu machen; (vgl. Vaublanc S. 349.) ein Grund mehr, warum solche Orte in späterer Zeit eine reiche Vegetation aufweisen.

Noch verwirrender für ein gesundes Naturgefühl, als eine solche einseitige religiöse Anschauung der Welt wirkt der Glaube an allen möglichen Zauberspuk, welcher sich im Mittelalter als ein Rest heidnischer Kultur breit machte. Das Christentum ist vielfach schonend mit den volkstümlichen Ueberlieferuugen verfahren und hat sie sogar in modificierter Gestalt seinen Zwecken dienstbar gemacht. (vgl. Séb. S. 65.) Darum finden wir, namentlich bei den keltischen Sagenstoffen, eine merkwürdige Mischung von heidnischen und christlichen Elementen. Zauberer und ihr unheimliches Wirken treten in Gegensatz zu Gott und seinem zuverlässigen Schutz. Es spricht sich darin der Kampf des unterliegenden Heidentums mit dem siegenden Christentum in der Zeit des Uebergangs aus. Wir verweisen auf unsere Beispiele von Schilderungeu der wilden Natur und erinnern ferner an die übernatürliche Rolle, welche die Quelle oft im afz. Epos spielt, an Yvain's Missgeschick an solchem Platze Chev. 430 ff., an die sonderbare Eigenschaft der Quelle in Fl. et Bl. 1811 ff., an die Heilkraft und wunderbare Gewalt einzelner Pflanzen über den tierischen Organismus, die wir namentlich in den Kunststückchen der Zauberer kennen lernen (z. B. die Verwandlungen, welche Maugis mit sich, Bajart und Renaut vornimmt, der totenähnliche Schlaf und die Erweckung daraus Clig., Jourd., Lai Eliduc), an den Einfluss, den man durch Blut auf das Meer ausüben kann (Jourd. 1263; 2146; 2157), und wie sich der weitverbreitete Aberglaube sonst gestaltete. Uns kam nur darauf an, einen wichtigen Faktor zu kennzeichnen, welcher ebenfalls nachteilig auf die freie Entwickelung des Naturgefühls eingewirkt hat.

III. Einige Male finden wir, dass die Landschaft eine erschütternde Wirkung auf den Beschauer ausübt.

Alexis flieht in der Nacht. Die älteste Fassung des Gedichtes führt ihn unmittelbar an das Meer und lässt ihn nach Lalice gelangen. Die Interpolation des 12. Jahrh. fühlt die Notwendigkeit, die Seelenverfassung des Heiligen weiter auszumalen, und lässt ihn zu diesem Zwecke noch einen Blick auf seine Heimat werfen: *Quant il fu jors et solaus fu levés, Descent un val, s'a un tertre monté A quatre liues de Roume la cité; Regarde Rome et en lonc et en lé. Envers le ciel en a son vis torné, Estroitement a Jesu reclamé, Que la pucele dont issi a esré Doinst en cest siecle tel vie demener, Que l'ame en soit el saint regne de Dé; Puis se li est de son pére membré Et de sa mére: si commence a plourer.* 325.

Hier wird nicht durch die Gegend, wie sie von Natur ist, die Seelenstimmung hervorgerufen, sondern es liegt eine „sittliche Wirkung“ vor, wie Goethe es nennt (XI S. 597 ed. Kurz in der Abh. über Hackert).

Etwas ähnliches findet sich Jourd. 3667. Der junge Held kommt zu seiner Vaterstadt: *La cite voit Jourdains li gentiz hom, Bois et rivieres dont il i ot fuison, Le pais riche entor et environ, Qui touz deust iestre siens par raison. Jordains le voit, moult en ot grant frison Deu reclamma et son saintisme non.* Durch das Anschauen der Gegend wird die Kampfbegier, der Wunsch, Rache zu nehmen an dem Mörder seiner Eltern, dem Räuber seines Erbes gesteigert.

Tief ergriffen sehen auch die Aymonskinder ihren heimatlichen Sitz wieder: *De Dordone ont vëu le palais honoré, Les murs d'araine bis et le bos et le pré Et la bele richoise de coi il sunt jeté; Membre lor de mesaises qu'il orent endure; De pitié et de duel sunt li frère pasmé.* Ren. 88, 17.

Ueberall hat die Landschaft hier nur eine indirekte Wirkung; denn sie gewinnt ihre Bedeutung bloss als früherer Besitz.

Amis kommt zu einem „*lieu qui est biaus et floris*“ und segnet die vor ihm liegenden Gefilde: *Beneois soit li pres que je voi ci Et touz li lieus et li biaus edefis.* 909 ff. Aber er gedenkt nur dabei seufzend an seinen verlorenen Freund, den er hier zum ersten Male sah und hier auch wiederzufinden hofft. Die seelischen Wirkungen der Landschaft sind also durchaus durch Interessen bedingt, welche dem Naturgefühl fern liegen.

Es fehlt immer noch ein poetisches Zeugnis dafür, dass sich in der Landschaft selbst eine Seelenstimmung ausspricht, und zwar wechselt diese mit der Scenerie. Anders sind unsere Empfindungen gegenüber einer Gebirgslandschaft, einer weit ausgedehnten, mit wogendem Haidekraut bewachsenen Haide, oder einer Flucht von Seeen, in denen sich tiefdunkle Tannen spiegeln; anders sprechen diese Naturbilder zur Seele am Morgen und am Abend, wenn dunkle Wolken am Himmel hängen und wenn am blauen Firmament die Sonne lacht; auch wenn ein sanfter Windhauch die Blätter rauschen lässt, die Quellen sprudeln, die Bäche leise plätschern oder die Gegenwart menschlichen oder tierischen Lebens sich in Lauten vernehmbar macht, kann sich schon der Charakter einer Landschaft verändern. All dies liegt jedoch nicht frei in der Natur, sondern, wir haben es schon früher ausgeführt, es lebt nur in der Menschenseele. Erst dadurch, dass diese übergeht in die Objekte, gewinnen sie seelische Bedeutung. Goethe XII, S. 75 sagt: „Es steht manches Schöne isoliert in der Welt, doch der Geist ist es, der Verknüpfungen zu entdecken und dadurch Kunstwerke hervorzubringen hat.“

Nur im Keime schlummernd ist diese künstlerische Beseelung der Landschaft bei den Altfranzosen vorhanden und zwar auch nur da, wo ein wahres Dichtergemüt mit eigenem Herzen die Geschicke seiner Helden durchlebt und wiedererzählt. Wir können dann nur nachzufühlen versuchen, was in der schlichten Dichterseele in solchen

Augenblicken geicbt hat. Wir denken dabei an den Sänger des Roland. Die Totenklage Rolands tönt zum Heere der Franken. 60000 Hörner künden, dass sie den Ruf vernommen. Die Berge erklingen von dem mächtigen Schall, die Täler antworten. Karl und seine Helden weinen und schluchzen. Was nützt ihnen alles Reiten, sie können nicht mehr zur Zeit kommen. — Wie so der Schmerz übergewaltig und bezwingend in ihrer Seele wütet, so ist draussen die Natur überwältigend gross und wild dem schwachen Menschen gegenüber. Der Dichter leitet die obige Schilderung des Schmerzes ein durch die Worte: *Halt sunt li pui e tenebrus e grant, Li val parfunt e les ewes curanz,* 1830. Und als Roland unter schönen Bäumen auf dem grünen Grase erbleicht, da heisst es wieder: *Halt sunt li pui e mult halt sunt li arbre.* 2271.

Auch Amis 2466 finden wir ähnliche Worte: Zwei treue Ritter führen Amis, der vom Aussatz befallen ist, nach Rom. Ganz im Stile des Rolandsliedes heisst es da: *Haut sunt li pui et les montaignes roides, Li val sont grief qui forment les guerroient. Morir i cuident, moult sont en grant desroie,* und doch haben wir hier schon nicht mehr das gleiche poetische Gemälde, denn der Weg wird als besonders unangenehm geschildert, weil es sich hier um Ueberwindung von Schwierigkeiten einer Reise handelt, und in ihr soll sich fester Wille und andererseits Dienertreue bewähren.

Mit unserer Stimmung ändert sich der Charakter der uns umgebenden Natur. Auch darauf musste zum Teil schon früher eingegangen werden; darum erinnern wir nur an die Scene aus Berte: So lange die unglückliche Königin hilfsbedürftig in dem Walde hauste, bedrohten sie darin nur Gefahren; als sie aber bei dem braven Symon in Sicherheit ist, verliert der Wald seine Schrecken: *En la bele forest où ot main haut sapin, En la maison Symon et Constance au cuer fin, Fu Berte la roine.* v. 1353 ff. vgl. 3161 f.

Was unsere Seele erfüllt, scheint die Natur wiederzugeben. Die Vögel singen, die Bäume rauschen es, die Winde tragen es uns zu und in den Zügen der Landschaft ist es geschrieben. Ein charakteristisches Beispiel, für unseren heutigen Geschmack vielleicht etwas zu derb, liefert Perc.: Der junge Held kommt eines Morgens zu einer dicht mit Schnee bedeckten Wiese und erblickt eine Schaar Krähen, von denen eine von einem Falken verwundet wird, Drei Tropfen Blutes fallen in den weissen Schnee: *Et Percevaus vit defoulée La noif sor coi la gaute giut, Et le sanc ki entor parut; Si s'apoia desor sa lance Por esgarder cele semblance Du sanc et de la noif ensamble: La fresce color li resamble Qui ert en la face s'amie; Si pensa tant que il s'oblie; C'autresi estoit en son vis Li vermaus sor le blanc assis Com ces .III. goutes de sanc furent Qui sor la blance noif parurent; En l'esgarder que il faisoit, Li ert avis, tant li plaisoit, Qu'il véist la coulor novele De la face s'amie bièle.* v. 5572 ff.

Der Held steht in Träumen versunken, Saigremor und Keu schlägt er nieder, als sie unsanft ihn daraus wecken wollen, nur mit Gauwain schliesst er Freundschaft und folgt ihm willig an Artus' Hof, weil er sein Minnen ehrt: *Certes, fait mesire Gauvains, Cis pensers n'estoit pas vilains, Ainçois ert moult cortois et dos; Et cil estoit fols et estous Qui vostre cuer en resmovoit.* 5835.

So scheint denn die höfische Poesie mit ihrer entwickelteren Empfindungsweise und grösseren Ausdrucksfähigkeit schon eher der Wechselwirkung zwischen Natur und Menschenseele bewusst gewesen zu sein, wenn auch die Zeugnisse, wenigstens für die Landschaft, dafür noch dürftig sind. Immerhin zeigt doch die kleine Blütenlese dieses Teils unserer Arbeit, dass das Gebiet, auf welchem später ein Dante und Petrarca die ersten unvergänglichen Lorbeern ernteten, einem Crestien nicht ganz verschlossen war.

5. Kapitel.

Dichterische Zeugnisse für die Darstellung der Natur durch die bildenden Künste.

Eine interessante Parallele zu dem Naturgefühl der Altfranzosen, wie wir es bisher aus der Dichtung nachgewiesen haben, liefern die gelegentlichen Berichte über Nachahmung der Natur durch die bildenden Künste.

In erster Linie wäre hier die Gartenbaukunst zu erwähnen, wenn nicht das Nötige schon anderwärts gesagt wäre (S. 61 ff.); denn „der schöne Garten d. h. der Garten, der nicht mehr dem landwirtschaftlichen Nutzen, sondern dem freien Ueberschusse des Nützlichen, dem Angenehmen dient und zu diesem Zwecke das Schöne herbeizieht, ist eine mit wirklicher Erde u. s. w. vorgetragene Landschaft (Vischer § 745 Anm.).

Recht charakteristisch ist, dass durch die Malerei und Skulptur vorzugsweise einzelne Blumen und Tiere nachgebildet werden. Erstere sind der Hauptschmuck für Waffen, so dass *point à flor* eine stehende Ergänzung für Helm und Schild wird. vgl. Rol. 1810; Amis 1654; 1679; Jourd. 1925; Ren. 69, 17; 283, 18; Enf. Og. 1742; 3783. Fl. et Bl. 975 ist eine Pferdedecke mit Blumen geschmückt. Den Vorzug hat die Lilie z. B. Durm. 8558. Auch die Zimmer haben den gleichen Schmuck, neben allen möglichen Geräten, Betten etc.: *En une chambre fut la nuit pointe à flor.* Amis 2768, vgl. K. R. 421.

Ferner kommen für die Waffen Tierdarstellungen in Betracht. Ursprünglich wählten sich die Franzosen Tiere, denen man einen edlen Charakter zuschrieb, namentlich den Löwen, während die Heiden schon von Weitem erkannt wurden an der *ensaigne au dragon.* Bucv. 1862. Doch dies wird nicht ganz streng durchgeführt. In den Enf. Og. haben die Sarazenen neben den Waffen *d'or à .I. noir grifon qui ert volans* 4824, *à .II. blans olifans* 4828 auch solche *à. III. lions blans* 4818.

An diesen Waffenzeichen werden einzelne Helden im Kampfe unterschieden. Lancelot hat z. B. einen Schild *d'or a lion paint* Clig. 4795; Kez erkennt einen Ritter: *Al escu d'or al noir liupart* Durm. 7024. Ein Anderer zeichnet sich durch einen Schild *a I aigle d'or flamboiant* Durm. 4667 aus. Durmart soll sich Waffen wählen: *U a lions u a liepars* 6485, schliesslich hat er einen Schild, *Doi liepart i furent paint* Durm. 9254. Daneben werden die bekannten heraldischen Tierverunstaltungen beschrieben vgl. Cléom. 723; 730. Am beliebtesten war und blieb aber das Symbol des Löwen, der auch auf Yvain's Waffen im Durm. gezeichnet ist; darum begegnen wir unzählige Male dem *escu à lion* Ren. 10, 35; 27, 24; 47, 38; Aiol 8398;

8401; Enf. Og. 2721; Buev. *maint escu à lion* 191; 3615. Schliesslich ist diese Wendung, wie so viele andere, dem Schicksal einer bedeutungslosen formelhaften Verwendung verfallen, so dass man dafür einfach *escu* setzen kann: Richars bedauert, dass sie keine Waffen haben: *N'avons hauberc ne hiaume ne escu à lion* Ren. 181, 20, ebenso 243, 23. *Grans cols se vont doner ès escus à lion* 246, 2; 284, 20; 286, 4. *Et pendent à lor cols lor escus as lions* 281, 28.

Auch scheint bei diesen Waffenbildern die Mode eine Rolle gespielt zu haben. Enf. Og. werden uns Karl's Waffen beschrieben 5005: *Armes parties d'or et d'azur portoit, Dedenz l'azur flours de lis d'or avoit Et de mi aigle noire sor l'or seoit.*

Dies waren die vornehmsten Abzeichen (vgl. 5031 ff.); auch Karl's Sohn Charlon war an ihnen zu erkennen. Wir erfahren dabei: *Les flours et l'aigle erent lors en saison.* Enf. Og. 5030.

Auch für den Zimmerschmuck verwendete man Tierdarstellungen z. B. das unterirdische Gemach, in dem Rosamonde Elie und seinen Begleiter birgt: *Mout fu bien pointures a oiseus et a bestes* Elie 1442. Gern werden ebenfalls Betten, in dieser Weise verziert, beschrieben Durm. 246, besonders eingehend Part. 10301.

Auf Prachtkleidern finden sich wunderliche Tierdarstellungen, vgl. das Gewand des Erec 6746 und selbst das Scepter bot Gelegenheit: *qu'en tot le mont ne a meniere De poisson ne de beste fiere Ne d'ome ne d'oistel volage, Que chascuns lonc sa propre ymage N'i fust ovrez et entailliez.* Erec 6829.

Pracht glaubte man überhaupt zu entwickeln, wenn man die verschiedensten Dinge, aus kostbaren Stoffen gefertigt, vereinigte. In dem Wundergemache der Rosamonde finden sich Lilien aus Kristall, Tauben aus Elfenbein, Bärenjagdbilder, schwimmende Fische, der gestirnte Himmel, kurz: *Et toute rien en tere comme l'arce Noe Ai ge fait en ma cambre a fin or pointurer* Elie 1644.

Der Palast Hugo's wird K. R. 334 beschrieben: *Li palais fut d'azur listez et avenanz Par molt chieres peintures a bestes et serpenz, A totes creatures et a oisels volanz.*

Crestien legt im Clig. keinen Wert auf die genaue Beschreibung solcher Darstellungen. Jehan, der treue Diener des Cligés, führt diesen durch das Wunderhaus, welches er gebaut hat. Dabei wird der Verzierung nur durch *paint a images* gedacht, oder eine Tür als *toz painz et colorez* bezeichnet.

Aber der Verfasser des Part. schwelgt förmlich in der Schilderung der prächtigen Gebäude, welche der junge Held in der wunderbaren Stadt erblickt; so gelungen sind die Darstellungen der Adler, Drachen und anderen Geschöpfe, dass sie zu leben scheinen (844 ff.)

Welchen Reichtum an Stoff (wenn man den Dichtern glaubt) man bei bildlichen Darstellungen zu vereinigen gewusst hat, geht aus einzelnen Schilderungen hervor. Buev. 2344 wird ein Zelt beschrieben: *Esquartelés estoit et en chascun quartier Ot ouvré à l'aguille, mentir ne vous en quier, Estoires anciennes dou tans roy Manecier; Tout li viés testament i iert fais à or mier Despuis que li deluges fist tout le mont noier; Es bordeüres erent fleur de lis et rosier.* (Adenet's Oberflächlichkeit lässt v. 3660 dasselbe Zelt ganz anders aussehen: *(dedens le tré de soie à lions entailliés).*

Beneidenswert ist auch das Talent des Künstlers, welcher all das zu bilden vermag, was man an den von Partonopeus bewunderten Palästen erblickt: *La veriés les élémens Et ciel et terre et mer et vens, Soleil et lune, et ans et jors, Et les croisans et le décors, Les estoires del tans antis, Et les guerres et les estris.* Part. 853.

In diesem Umfange bewegen sich die Berichte der Romane über plastische Darstellungen der Natur. Sie sind entweder zu nebensächlich gehalten oder gehen in dem Bestreben, Glanz und Reichtum zu schildern, so weit über das Natürliche hinaus, dass sie uns heute als geschmacklos erscheinen müssen. Von einer Landschaftsmalerei ist nicht die Rede. Die künstlerische Nachahmung der Natur erstreckt sich nur auf Einzelheiten, die Komposition fehlt; unter den Hauptvorwürfen, welche sich die Kunst wählt, treten besonders hervor Blumen, Tiere, Sterne und der Garten als ein Stück heiterster Natur, mit reichem Baumbestand, bunten Blumen und lieblich singenden Vögeln. Darin liegt zugleich eine zwar zu enge aber im Ganzen richtige Charakterisierung des volkstümlichen Naturgefühls der Altfranzosen überhaupt.

Schluss.

Wir sind am Ziele! Lassen wir noch einmal die Resultate unserer Arbeit in schnellem Fluge vorübergleiten, so begegnen wir oft genug einer so innigen Naturliebe, einem so freudigen Sichhingeben an die schöne Natur, einem so frischen Geniessen ihrer Vorzüge, einer so liebevollen Beseelung von Erscheinungen aus der Pflanzen- und Tierwelt, dass wir nicht achtlos über das Naturgefühl der Altfranzosen hinwegsehen dürfen. Und das ist oft genug gethan worden. Wir haben aber selbst schon betont, dass man sich nicht immer auf den Standpunkt des modernen Kritikers stellen darf, die Zeit mit ihrer Geistesbildung, den allgemeinen Interessen, den religiösen Anschauungen, dem überkommenen Aberglauben, den Kampf des nationalen Elements mit germanischen und orientalischen Einflüssen berücksichtigen muss.

Uns dünkt das Naturgefühl der Altfranzosen vorzugsweise sinnlich-praktisch, indem wir daran erinnern, dass im Allgemeinen die Blumen der Farbe oder des Duftes, die Bäume ihres Schattens, die Vögel ihres wohllautenden Sanges, die Landschaft ihres Reichtums wegen gerühmt wird. Dadurch hat ihr Naturgefühl etwas Eintöniges, Einseitiges, das noch vermehrt wird durch die Einförmigkeit des Ausdrucks. Seltener konnten wir zeigen, dass auch ein moralisches Interesse an der naiven Natur, welches nur durch die Idee vermittelt wird, hervortrat, indem man auch einer unscheinbaren Pflanze einen Charakter beilegte, ein Tier in bestimmter Situation menschlich empfinden liess, in der Landschaft einen Ausdruck menschlicher Seelenstimmung empfand. Die Bedingungen für ein tiefes Naturgefühl sind vollständig vorhanden, es fehlt aber die Kraft des Geistes, losgelöst von dem rein Menschlichen, den Dingen der Aussenwelt eine unabhängige Sonderexistenz einzuräumen, um sie zum Gegenstande liebevoller Betrachtung und Darstellung zu machen. Insofern kann für die Gesamtheit der damaligen Welt das Urteil Wörmann's über die voralexandrinische Zeit der griechischen Litteratur gelten (l. c. S. 100): „Die Menschen waren nicht unempfänglich für die Schönheiten der Natur, aber sie lebten noch zu sehr im Einklange mit der Natur, um sich dieser Schönheit als einer selbständig erstrebenswerten Sache bewusst zu werden; und andererseits waren sie künstlerisch mit der Durchbildung des sie ungleich mehr interessierenden Menschen und seiner Schicksale viel zu sehr beschäftigt, als dass sie Zeit gehabt hätten, die Landschaft selbständig künstlerisch darzustellen“.

Disposition.

THESEN.

1) Aiol 1704 ist keine Lücke anzunehmen: die Wälder waren *antiues*, die Gehölze *grant et rame.* Im Gegensatz dazu sind sie jetzt *detrenchie, essillie et gaste.*

2) Durmart 114: *antres* ist aufzufassen als *an tres (traits)* in Zügen.

3) Berte 494: Es ist nicht *où*, wie Scheler schreibt, sondern *ou* = oder zu lesen.

4) *Il est agréable de faire qc.* und *C'est agréable de faire qc.* sind ursprünglich verschiedenen Gedankeninhalts.

5) In der Einleitung zum Cligés S. XII ist der eingeklammerte Zusatz von Förster [zu unserem grossen Staunen etc. . . .] unbegründet.

6) Andreas 717 ff ist zu interpungieren: þis is anlicnes engelcynna þæs brêmestan mid þâm burgvarum in þære ceastre; is Cheruphim and Seraphim, þâ on svegeldrêamum syndon, nemned.

www.ingramcontent.com/pod-product-compliance
Lightning Source LLC
Chambersburg PA
CBHW020257090426
42735CB00009B/1125
9783743362338